心的出路

贝弗利·斯通（Beverley Stone）/著

李倩 /译

北京师范大学出版集团
BEIJING NORMAL UNIVERSITY PUBLISHING GROUP
北京师范大学出版社

北京市版权局著作权合同登记图字 01－2012－2949 号

图书在版编目(CIP)数据

心的出路／（美）斯通著；李倩译.—北京：北京师范大学出
版社，2013.5（2014.5 重印）
ISBN 978－7－303－15924－6

Ⅰ.①心… Ⅱ.①斯…②李… Ⅲ.①婚姻－社会心理学－
通俗读物 Ⅳ.① C913.13－49

中国版本图书馆 CIP 数据核字(2013)第 021972 号

营 销 中 心 电 话 010-58805072 58807651
京师心悦读新浪微博 http://weibo.com/bjsfpub

XIN DE CHULU
出版发行：北京师范大学出版社 www.bnup.com
　　　　　北京新街口外大街 19 号
　　　　　邮政编码：100875
印　　刷：北京京师印务有限公司
经　　销：全国新华书店
开　　本：148 mm × 210 mm
印　　张：6.5
字　　数：85 千字
版　　次：2013 年 5 月第 1 版
印　　次：2014 年 5 月第 2 次印刷
定　　价：29.00 元

策划编辑：谢雯萍　　　　责任编辑：谢雯萍
美术编辑：袁　麟　　　　装帧设计：红杉林文化
责任校对：李　菡　　　　责任印制：陈　涛
营销编辑：张雅哲　　　　zhangyz@bnupg.com

目录

目 录

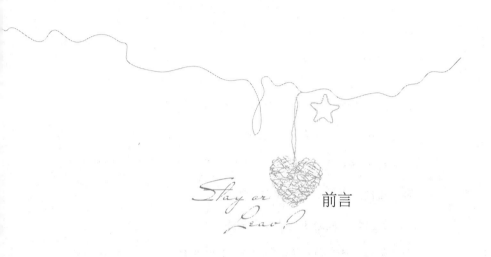

前言

　　你能对你的现状做一个真实的描述吗？你现在正陷入一段非常不愉快的情感或者婚姻关系当中，不知道是否该继续下去，但是又下不了决心离开。生活就这样停滞了，但是面对这些你又无能为力。你的朋友虽然同情你的痛苦遭遇，却坚持认为解决困境的办法其实很直接，不必如此纠结。

　　当你与朋友们在一起时，你不由得受到他们言论的影响。你很欣赏他们的见地，认为他们讲得很有道理。然而，到了第二天早上，你不再看到"光明"，你又回到了之前那个困惑的自

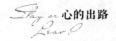

己，在黑暗中挣扎着，摸索着明确的出路。

　　摆在你面前的有两种选择：要么留下来，但要尽全力努力改善双方的关系现状；要么转身离开，重新开始一段新生活。你深知自己停滞不前，却无能为力。

　　你面临的问题也许有以下这些：

　　• 你与伴侣已经在一起生活了好几年，但一直在犹豫你的这个选择到底是做对了还是做错了。如果你是一个女人，你也许还会担心你的年龄是否还适合生育，你担心自己是否能及时找到一个更好的对象，赶上生宝宝的最后一班车。

　　• 为了孩子，你仍默默地忍受着一切，被婚姻的枷锁捆绑了几十年。现在，你已经离开了这个家，自由了，可以随心所欲地做自己喜欢做的事情，不用再被伴侣嘲笑。然而，你却为自己在终于可以即将退休歇歇，享受人生之时选择抛弃伴随自己多年的伴侣而感到愧疚。

　　• 你与乱你心者常待在一起，久而久之，你觉得很痛苦，自信大受打击。虽然你的家人及朋友对于你的这段情感关系持反对意见，你自己也十分不看好，但你却像走火入魔般为对方着迷痴狂。

• 你已是一个有小孩的已婚者，却在此时遇到了你真正需要的另一半，但却惶恐着离开自己的爱人就意味着牺牲与孩子相聚的时光。

• 虽然与你一起生活的对方是一位性格温和的人，但你对他却已经不再有爱的感觉。

• 无论是生理上还是心理上，你都全身心地爱着你的伴侣，只可惜对方却没有同感。

……

你承受着如被撕裂般的痛苦，不能决定到底自己是该离开对方还是该留下。这个困境操纵着你的生活，在你脑海里一遍又一遍反复萦绕浮现。因为你总能看到两种选择的利弊，以至于你在两种选择之间犹豫不决，迟疑不断，反反复复，摇摆不

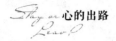

定，把自己弄得身心俱惫，万念俱灰。

你的个人情感问题也是你与朋友经常谈论的主要话题。你已经被这个问题困扰了数周，数月，甚至数年。但事情仍没得到解决，情况依然不容乐观。你自我内心的斗争甚至侵蚀了你的肉体。

我看过很多男女，由于被这样左右为难的关系困惑了太久，无法全身而退，最终失去了自我。他们不决意留下，也放弃了自己真实的想法，最终令这段关系以失败告终。但他们也不果断离开，不听从自己内心真实的声音，终未能在这段失败的关系之外收获另一份爱情，结果他们：

- 被他们时常的摇摆不定、犹豫不决深深迷惑。

- 完全陷入了困境。

- 知道自己摇摆不定、犹豫不决，然而却对此无能为力。

- 变得不再是自己。

- 对身旁的人来说，不再是幽默合群、给大家带来欢乐的人。

- 遭受着巨大的压力，出现如失眠、乏力、头痛等症状。

- 对生活失去信心，失去热情，不再热爱生活。

- 看不到生活的意义和目的。

- 四处寻求帮助，寄望于有贵人相助。

找到改变自己生活的力量是很困难的，需要面对许多难以战胜的风险和潜在因素的影响。改变现状充满变数，结果是那么不可预知，这让你迟疑不断，望而却步。不管你作何打算，作何选择，惧怕与担忧都笼罩着你，无处不在。

你会不由得思考起以下这些令人害怕的问题："我能找到更好的伴侣吗？我怎么能就这样离开呢？这是否会伤害到我的孩子和父母？"

"我真能潇洒地独自离开吗？""问题在我身上吗？""是我期待得太多了吗？""我能处理好离开后的一切不愉快的事情，安顿好自己离开后的生活吗？""我有能力承受这一切吗？""我真想再一次经历这一切吗？"

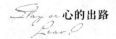

　　另一条可选之路自然是维持原状，可你的生活将永远如现在般不如意。事实上，情况比这预想中的更加恶劣，因为你会为自己的无能为力而生气不已，或者为深知自己享受更加幸福美满的生活的时间正在悄然而逝而深感压抑。但只要一想到最终能做回自己想做的自己，过自己想要的生活，你当然认为承受这所有的一切都是值得的。

　　我有一个解决你困境的办法。虽然它听起来很简单——纵然实际上也如此——但它需要很多勇气、技巧和决心。这个解决办法就是不要纠缠于你们这段关系的细节，后退一步，以更加宽广的眼光、更加宽阔的胸襟去包容对方，与对方携手度过此生余下的时光。当你懂得这样做之后，你将对自己的生活有个更加清楚的认识，你与对方一起生活到底是在浪费生命，是该离开的时候了，还是该继续与对方待在一起。本书为你面对和处理情感问题提供帮助。本书提出了几个黄金问题，鼓励读者审视自己的生活，随后提出了必须跨越突破自我的六大障碍，告诫读者要想主宰自己的未来，就必须勇于跨越障碍。

即便你已经在专业咨询等方面花费了巨资，也许这些活动在一开始能让你得到片刻的安静，清楚自己下一步的方向，给你做选择的灵感，可到最后，你还是不能按计划进行。这种灵感就像浴缸中的一小滴墨水，开始时是很深刻、很清晰的一点，但几分钟后，它就开始分散，你也就不再能看到它了。同理，你起初也是目标明确、信念坚定而深刻，可几小时、几天或者几周后，你就分散了，又回到了思想混沌和犹豫不决、优柔寡断的状态，以至于即便心中有规划好的全盘计划，也时常不按计划行事。

本书所列出的解决问题的方法的与众不同之处在于，它将告诉你：

- 你不能决定留下还是离开的原因。
- 为什么你明明已经有了明确的决定却不能坚持。
- 怎样坚定信念，果断行动。

你明白恐惧是你问题的关键所在：你害怕犯错，害怕把事情弄得更糟，害怕一切不确定的因素和不可预知的未来。直到现在，恐惧已经让你停滞在跑道上。与以前你接受过的帮助不同，我不是试图去减轻你的恐惧，也不给你提供安慰和慰藉。相反，我将要告诉你怎样利用恐惧来调动自己行动的积极性。

我相信你已经花过很多时间与别人进行交谈，他们尝试通过仔细聆听你的倾诉，甄别并探究你的问题，一直在你需要时给你鼓励和提供帮助来帮你减轻恐惧。然而一切还是没有改变。因此，我打算通过给你施加压力来帮助你做最后的决定，并采取行动。

读完本书后，你会产生必须立刻行动之感。

我要提醒你优柔寡断、犹豫不决的后果。我将为你直观地展示人内心深处的恐惧——对浪费生命的恐惧。你就在浪费生命，这你自己也知道。我要时刻给你警示的提醒，这样才能让你行动起来。

很可能以前给你提供过帮助的那些人把自己的行为看作是接受你，真诚待你，给你温暖、尊重、同情以及包容你的表现。我也将如现在般同情你，与你感同身受，但我将毫不犹豫地引导你面对现实。我期待与你建立互相支持、各抒己见的平等关系——一种英雄般的伙伴关系，助你面对现实世界，找到通向现实世界中一条意义重大，甚至难以追寻的道路。

我将帮你显著提高自主选择的能力、对自己的命运负责的能力、应对自我愧疚和担忧的心理能力，寻找生命的意义和活着的目的，为自己能独自活着而感恩庆幸，而不是恐惧担忧。我们不仅要考虑你的现在，还将考虑你的将来，以及为实现自己未来的梦想你将做何选择。

我要提醒你不管选择哪条道路，都需要坚定地走下去，缺乏坚定信念的选择注定是走不远的。

我还将告诉你该怎样鼓起勇气把昔日曾经优柔寡断、犹豫不决的自己统统抛弃。你将最终从这段痛苦的关系中得到解脱，

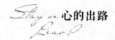

过上真正属于自己的生活——面对现实，做回真正的自己，真实地面对自己——这样才是在保护自己身边的人免受伤害。换句话说，一旦你找到了做回自我的力量，你就可以决定是继续留下还是转身离开了，你也将不再身陷此困境中。

第一篇——现在的你。

第一篇向你描述优柔寡断、犹豫不决将对你产生的危害——让你不能度过和利用好这仅有一次的人生。描述了优柔寡断对你身心造成的影响，阐明了你仅有的两个选择：要么行动起来改变现状，要么换个角度或方式看待它。

第一部分为你理清了你动身改变所要面临的难题，以找到造成你停滞不前的原因。它为你构建了一个总体的框架——你对理想生活的执着追求——这将帮助你在前进的道路上挣脱困难的束缚。这部分将帮助你对自己的现实生活进行一个真实的审视，亲历见证继续身陷这段不愉快的关系中是多么痛苦，解释你为何仍执迷不悟的原因。或者可以换种说法，这部分阐述了你对更加幸福美满婚姻生活的向往，但却对此无能为力的原因。它将告诉你，当你有机会突破自我，改变命运时，要从摆在你面前的两个选择中做出抉择，其实都同样困难重重，承受重负。

第二篇——翻开人生新的一页

该篇向你提出了一系列黄金问题，以鼓励你认真地审视自己、挑战自己、突破自我局限，帮助你塑造一个全新的自己。

这部分将启迪你反思优柔寡断、犹豫不决对你的影响，教你如何结束自己当前停滞不前的现状，努力以客观真实的态度面对自己，不要做任何欺骗自己内心的事情。这部分还举例说明了你怎样受到他人的影响，怎样受到自身肩负的责任、义务和承诺的束缚——这些都严重左右了你前进的步伐。

这部分提出的一系列黄金问题是你追求理想生活所需要考虑的。它们给你提供追求前进的灵感和动力，你需要思考的问题包括：生命的意义和目的；到底是谁掌握了自己的命运；诚

实对待自己；自我价值，身上肩负的义务和对他人的承诺；我该对谁负责，自己还是别人；面对两难境地，应该如何抉择才不至于伤害对方和自己？关于黄金问题的部分，我还提供了简短的练习，希望这能帮助读者把每章的重要内容整合起来，作为自己的经验加深认识。

第十章总结了一条新的出路——跨越突破自我的六道跨栏。只有敢于跨越这六道障碍，你才能在去和留下之间做出抉择，把握好自己拥有且仅有的一次生命。

第三篇——突破自我的六道跨栏

该篇将教你克服生活中的六大障碍的技巧和方法，以帮助你成功地跨越这六道障碍，改变当前的生活现状。这将有助于你打破以往的思维模式和处事方式，进一步迈向全新的自己。

第十七章，作为本书的最后一章，是对全书的总结。总结解开阻碍你行动、束缚你自由的枷锁的秘诀。

这是一次艰辛的旅程。当你日复一日，日以继夜地因考虑是彻底改善你们目前关系的恶劣现状，继续共同生活还是与对方开诚布公，洒脱离去，重新开始新生活而停滞不前，不是因为你不能坚持你的决定，而是因为你未曾真正拿定主意。正如一句谚语所说：

决定了却迟迟未去行动相当于完全没有做好的决定。

一个"明确的"决定让人感觉很理智甚至可能很诱人，但却缺乏一种强烈的情感动力和一份坚定的意志。为了将决定付诸行动，你需要适当平衡好克服负面情绪的影响，在心中树立坚定的信念。

在读完此书后，你将不再优柔寡断。你做的每个决定都将不再充满变数，而是确定的。但如果你要下决心做一次决定并采取相应的行动，你将需要做好经历一段艰辛旅程的准备，因为：

· 获得自由的过程是艰辛的。

· 要做出决定和选择也是痛苦的，将决定付诸行动更是需要付出许多。

• 你需要为自己的行为负责，哪怕是失败的决定。

• 你需要独自应对一切，为自己而努力。

正如诗人肯明思所说：

我们生活中最大的挑战就是努力地做我们自己，做独一无二的自己。

这是一次艰难的旅程。但我希望本书能帮助你勇于迈出做自己的第一步，并坚信这么做绝对是值得的。

第一篇

现在的你

Stay or
Leav?

第一章

做好最后的决定了吗

审视你的婚姻生活，也许你们：

• 夫妻之间已只有交心，无关风月。

• 同床异梦，夫妻生活欠和谐。

• 对方犀利的话语像利箭般刺痛你的心扉，肆意践踏你的人格尊严，使你伤痕累累，肉体和灵魂俨然不复存在。

• 面对人生，对待生活，你们已不再志同道合，而是分道扬镳。

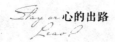

- 对方无法与你的家人及朋友和睦相处，不懂爱屋及乌。
- 对方已不再是你一生的至爱。

你是否考虑过默默地转身离开？

但当你静心细想，想到下面这些时，你或许不忍心割舍这段感情。

- 不忍心伤害对方和小孩。
- 对方前途无量，对将来生活有保障。
- 对方有时很讨你欢心。
- 你担心独自一人面对理财。
- 为了这段感情，你已倾其所有。
- 身边的朋友认为此非明智之举。
- 你无法承受孤寂。
- 房产分割纠纷。

不管做何选择，你都会在留下和离开间徘徊不断，犹豫不决。

4

犹豫不决困扰着你

面对婚姻的不佳现状，你深知要改变态度及相处方式，或者暂时分居。抑或，在与对方、朋友、家人及生活顾问倾心交谈后，你毅然选择离开，也已经说服自己要迈出改变的一步。你甚至已经计划好了以上行动的方式与时间。

然而，当你深夜归家，再见对方时，你不由自主地开始动摇，不断扪心自问："我真的选对了吗?"一次次，你又回到了原点，不断徘徊，难以抉择。跟许多人一样，你陷入了犹豫不决的困境。

为了寻求解决之道，你可能试遍了锦囊妙计。如冷静地分析了双方性格的优缺点、继续或分开的利弊；通过共同学习辅助教材，明确自己的优势、目标、理想和价值所在。若你已咨询过生活顾问，你也许已经知道解决问题的传统技巧：

- 集思广益
- 自我分析

- 圈定范围
- 衡量后果

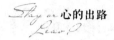

- 确定首选   - 明确目标
- 制订方案   - 部署行动
- 设定期限

毋庸置疑，对于如何克服恐惧、忧虑、自卑或怨天尤人等心理困境，你也许已了如指掌。尽管如此，情况依旧，并无好转。为此，你求助于专业咨询机构，希望通过开诚布公来发现问题，并解决问题。但结果却事与愿违。倾听对方的心声只会使自己又一次陷入困境，再一次徘徊在留下和离开的十字路口，无所适从。为寻求万全之策，你任凭失败的痛苦在你身上留下千疮百孔，为伊消得人憔悴。你本该重整旗鼓，迎难而上，但你却少了这份勇气与坚持。

徘徊不断却无能为力

终于有一天，通过反复思量，好不容易，你做出了决定，但却发现生活并未因此而变得更加美好。你或许会在诺贝尔文学奖获得者塞缪尔·贝克特的戏剧《等待戈多》的人物中找到自己的影子。跟你一样，在困境面前，他们也挣扎万分，决意要在留下与离开间挣脱，但却迟迟未见行动。戏剧的结尾是这样的：

爱斯特拉冈：好了，我们该走了吗？

弗拉基米尔：好，出发。

舞台情景：他们未曾离去。

詹妮就是一个极好的例子。尽管丈夫斯蒂芬常打压她的自信，且离群索居，但她仍选择与苛刻的他生活在一起。很多时候，她确实不快乐，但不可否认，他们偶尔也如胶似漆，她甚至觉得丈夫是她愿意执子之手，与子偕老的灵魂伴侣。可丈夫也有性格粗暴的时候，为此，她无数次向闺蜜们哭诉，扬言要离开他。闺蜜们也一直认为他们不合适，她该毫不犹豫地离开他，且闺蜜们也乐意不遗余力地帮她。但又一个月过去了，丈夫斯蒂芬仍无任何改变，可妻子詹妮却没离开。重遇闺蜜，詹妮陷入了尴尬的境地，因为她们都认为既然婚姻关系已经破裂，就应该果断地从中解脱出来，而不应该优柔寡断，犹豫不决。不仅如此，面对丈夫的操控与驾驭，詹妮也无力抵抗。对于詹妮 和她的闺蜜来说，是"我们该走了吗？我们走。"可是最后却没人行动。

字里行间你是否找到了自己的影子？这种困境不也是你曾几何时为决定去留而辗转难眠的真实写照吗？你对事件进行全面分析，衡量可行之策，选择最佳方案，最后做出决定。但当真要行动时，你却在原地不动。事实上，又有谁真正离开过？

沉溺其中，百害无利

虽然闺蜜们一次次耐心地在你需要时支持你，可你明白，实际上，当她们又一次接到你的哭诉电话或接受你的登门求助时，她们也很无奈。事实上，你何尝不是。对于矛盾的一再发生，你早已感到厌倦与疲惫。其实危害远不止此。若你数月甚至数年一直处于犹豫不决、挥之不断的状态，持续不断的精神困扰将会影响到你的心智健康。不管喜欢与否，犹豫不决对你造成的伤害都是潜在的。你可能会有如偏头痛、胃肠功能紊乱、消化不良、湿疹、失眠、嗜睡、食欲不振、暴饮暴食或酗酒等症状，其实这些都是由精神紧张焦虑引起的。

精神困扰也会影响到你的工作和事业。精神状态欠佳使你精神不集中，精力分散，难以专注于工作。如果你有小孩，缠绕着你的精神困扰还将影响到亲子沟通的质量及数量。你的摇摆不定还会影响到你的人脉扩展和友谊的存续。人们会不太愿意邀请你参与社交生活——因为你们夫妻俩时常阴晴不定，一时如胶似漆，一时又劳燕分飞。为了适应你们，他们需要不断地改变计划行事，这让人受挫不已。而且，萦绕在耳边的总是你们不和谐的夫妻关系或者是你不断的哀怨，这又是多么地令人生厌！

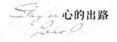

迈出改变的一步

事实上，你从未真正摆脱困境，是该做出改变的时候了。这是给你的三个做出改变的建议：

1. 改变现状，挽救婚姻——致力于改善夫妻关系，重建幸福美满婚姻。

2. 选择离婚，重新开始——重新开始一段更有意义的新生活。

3. 从另一角度审视婚姻——用另一种方式来理解伴侣，看待自己及现状。

要么行动起来改变现状，要么改变看待现状的角度，两者你必选其一。你不能再继续沉沦，惧怕面对，一味抗拒了。那只是在可怕地消耗你的精力罢了，是对生命毫无意义的浪费，会危害你的一生。

下一章将解释我们逃避做出改变时所采取的行为方式，采取这些行为方式的原因及其对获得幸福美满婚姻生活的影响。

第二章

三角困境

面对现实

为何难以抉择？因为鱼和熊掌不可兼得，也许你坚信割舍
并无想象中那么让人心痛，但事实偏偏相反。类似的自我安慰
只是自欺欺人罢了。面对一段感情破裂的婚姻关系，你也许无
动于衷，无能为力，也许继续沉沦其中，难以重新开始。你到

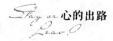 **心的出路**

底应该怎样才能割舍一段已不再属于自己的感情？只有早日挥别错的人，对的人才会出现。

你在为做决定而疲于奔命之时，也是你生命中的关键时刻，人生重要的转折点。你若能把握好这极其关键的时刻，就能实现自我价值，还原原本的自我。为此，当机会来临时，你需要有一部人生哲学来给予你行动的勇气，就如耐克口号说的一样，"现在就行动吧!"模式一将展示我们是怎样学习的，进而又是怎样做出决定的。这个模式对于那些缺乏行动勇气的人们来说非常有帮助。

此模式展示了我们怎样时常在由行动、反思和计划组成的没有尽头的三角运动中停滞不前，陷入困境。也许你正处于一段不愉快的关系中，你每天都忙于工作和生活，直到午夜才有时间反思如何改变受挫不已、虚度光阴的现状，你不断计划着改变：和伴侣交谈，共同协商各自该如何做出改变来改善婚姻关系；这段关系该何去何从，继续勉强凑合还是各走各路？

破釜沉舟，断然行动

你可曾尝试实施过你的计划，看能否行得通？你会发现，这如同破釜沉舟，需要无比的勇气和一份坚持，并要抱着背水一战、毫无退路的心态。

但实际上你只是在令自己停滞不前罢了。危急关头，你惧怕尝试，却又一次退缩到原来的三角困境中。

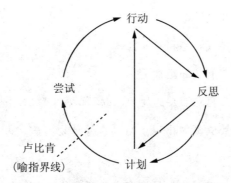

模式一：三角困境运动模式——停滞不前

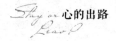

三角困境运动——停滞不前的状态

反思你们当下的关系、生活状态并预计将来,你制定了宏图大计,但在采取行动面前,却无所适从,你曾想过:

· 行动出击。

· 咨询律师。

· 面对现实。

· 调整相处策略。

· 转移视线,趋利避害。

· 淡泊名利,知足常乐。

· 不听父母和朋友的规劝,也不倾听小孩的心声。

你想过要立刻做出以上行动,并计划实施,可始终没有勇气迈出第一步。

此三角困境模式也是许多人生活的大体模式。人们成年累月地在此模式中来回运动着,反思着他们的行为、生活状况,制订计划试图改变不佳现状。可每次到采取行动的紧要关头，人们都会临阵退缩，一无所获。也许你能在下面这些难产的"决定"中找到自己曾经的影子：

- 工作职位晋升。
- 出国重新开始。
- 自立门户，自主经营。
- 编写著作。
- 使生命更有意义。
- 团结同事，友好共事。

但你未曾真正采取行动，这些"决定"只是你虚无缥缈的梦。无论此举是伟大之举还是微不足道，你都从未跨越界限，尝试迈出跨越性的一步。既然如此，你就不该时常抱怨身陷其中是多么的疲于奔命、焦躁不安了，这完全出自你自己的选择。

心的出路

改变面临的困境

　　既然不快乐，为什么不尝试勇敢迈出这跨越性的一步呢？为什么不听从自己心中所想，决定去留呢？为什么宁愿犹豫不决、痛苦万分，也不愿冒险一试，也许会有转机呢？正如我之前所说，恐惧是其罪魁祸首。

　　往前迈一步是何感觉？摆脱困境，咨询律师，接受现实，改变相处方式，不过分苛刻要求，享受生活的平淡，不听父母劝告，告诉小孩真相又是什么感觉？没错，是害怕。每每想到这些，人们不禁会因焦虑而坐立不安，甚至影响健康。

　　犹豫不决、优柔寡断的最大危害在于，它产生下列这些让人为之害怕的想法：

　　• 离开对方的世界会是什么样的？真的就会过得更好吗？

　　• 离婚后我能独自应对房产变卖、财产分割、衣食住行、情感阴影以及安抚小孩心理创伤、应对父母和朋友的强烈反对

等问题吗？

- 我真能找到更合适的人吗？

若继续勉强凑合，你可能会想：

- 分开已是不争的事实，只是时间迟早的问题。
- 分开后也许我会过得比现在更好。
- 为什么还要去忍受一个早已无欲无求的人？这么委曲求全值得吗？
- 这样做真能保护孩子免受伤害吗？

因此，阻碍我们迈出这跨越性的一步的，是来自下面这些方面的恐惧：

- 把握稍有不慎就会出错，事与愿违。
- 伤害身边关心自己的家人及朋友或招致他们的反对。
- 存在许多未知的因素，结果是那么不可预知。

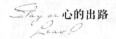 心的出路

你害怕面对不可预知的未来，你不能确定迈出这一步到底是对是错，因为你不知道你是否因此而：

- 得到真正的快乐。

- 更加成功。

- 过得更好。

现在感觉如何

也许你会认为这是在吓唬你，其实是帮你迈出行动的第一步。

综合上述的原因，要迈出这一步的确是困难重重，但垂头丧气停滞不前，甚至重蹈覆辙又当作何感想？你可曾想过，多少次凌晨三点仍辗转难眠，心中不解的疑团叩击着心灵，萦绕于脑际，这不如意的生活难道就没有使你痛苦不堪吗？

18

面对生活，你只有变与不变两种选择

选择维持现状，你也许能避开尝试带来的紧张及焦虑。然而，生活终究是那么现实，充斥着紧张和焦虑，你避无可避。与其做无谓的逃避，不如接受现实，直面人生，果断抉择。

选择一

继续忍受停滞不前所带来的痛苦和愧疚，一如往日垂头丧气，得过且过，却不愿另觅出路去尽力改变不如意的生活，而只是一味地慨叹生活的无奈，岁月的蹉跎。如此以往，你将抱憾终身，一生只有不断抱怨乃至沉沦，惶惶不可终日。直至临去之时，回想你虚度的一生，也只能含恨而无奈地慨叹一句："要是……该多好。"

选择二

纵然承担着对未知将来的担心和忧虑，但为了更快乐和美好的将来，仍毅然选择孤注一掷，拼死一搏。只有勇于迈出第一步，你才能发掘和实现自身生命潜在的价值潜能。

压力无处不在

毋庸置疑，不管是留在原地停滞不前，还是尝试迈向不可预知的未来，压力总会伴随着你。无论作何选择，你都会承担风险。但冒险做一次决定，实现一次突破，能让你在再次回首生命时心存宽慰，心满意足。

想要重获自我，没有选择，唯有迈出这跨越性的一步。

第三章

你已经毫无退路

胡思乱想，无济于事

　　我们理所当然地认为，要迈出这跨越性的一步是多么艰难。前路茫茫，福祸难测。其实，这完全是作茧自缚，庸人自扰罢了。面对未来，我们时常悲观消极，抱怨此生难再觅真爱，要孤单寂寞地度过余生。其实，这些完全是杞人忧天。只要你敢

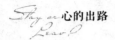

于尝试，机会总是有的。命中注定属于你的那份幸福就在不远处。

为了不伤害别人或招致别人的反对，我们才作这种悲观的臆测。与其说诚实需要付出代价，不如说是我们作茧自缚，庸人自扰。

大卫不敢告诉父母他想娶与他有不同宗教信仰的女孩杰西卡为妻，害怕双方会因此产生矛盾。但是，大卫却与杰西卡秘密同居，且只有他的好朋友知道。他跟父母刻意隐瞒了与杰西卡的关系。每每有机会跟父母坦白，可一想到父母听到后的反应，大卫就没有了行动的勇气。直到大卫 50 岁时，他母亲过世了，只剩下了父亲。

听到儿子的这个消息，父亲既震惊万分，又悲痛不已。他为儿子找到所爱之人而感到欣慰，终老之后，也该含笑九泉，无所牵挂了。儿子终于能找到一个称心如意，与他永结同心，荣辱与共，并为他生儿育女的妻子，这是多么令人欣慰的消息啊！儿子的终身幸福是母亲一生的牵挂，可惜因大卫的隐瞒而错过了。大卫左顾右盼，畏首畏尾，只是杞人忧天罢了。

这是论证人们如何作茧自缚，庸人自扰的有力证据，正是这种悲观预想的心态阻碍了他们前进的步伐。他们夜以继日地作无谓的担忧。在那无数个夜晚，你可曾有过无数个被工作和家中琐事弄得烦恼不已、坐立不安的时候？但结果却是一帆风顺。19世纪，美国幽默作家马克·吐温曾说过：

我预想过很多难题，但这些仅是不存在的假想。

如何克服这种悲观的假想？可以去开辟一片新天地，远离不真实、不完整的人生。

改变需要学习

必须要指出的是，就个人而言，迈出这跨越性的一步并不意味着没有退路，而是可进可退。人们常：

• 与伴侣闹别扭，当恢复自由身一段时间后，他们却又回到伴侣身边。

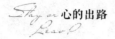

• 与原配复婚。

• 重回故地，重操旧业。

艾玛德带着他的 2 个小女儿与妻子组建了新家庭。家庭的责任与重担压得艾玛德喘不过气来。当他为养家糊口而疲于奔命时，他是多么渴望恢复自由的生活。

为了重拾自我，艾玛德与妻子经历了无数次争吵，他最终决定离开妻子和孩子们，回到以前的单身生活，只是周末才来见见孩子们。同时，离婚后，妻子也选择以缓和的态度对待前夫艾玛德，希望他们分开后还会是朋友，以减少对孩子们的伤害。

在过了九个月的单身生活后，艾玛德开始对生活厌倦，渴望重回到以前其乐融融、无比温暖的家庭生活。他恳求前妻重新接受他，她同意了。当他真正重获渴望已久的自由时，他才发现应该珍惜曾经拥有的一切，因为那才是最珍贵的。

面对挑战，勇者与怯懦者的区别在于：勇者敢于冒险，不断尝试总结经验吸取教训，实现他们的梦想。他们誓不回头，一干到底，对梦想不离不弃。萧伯纳曾说过：

当你将要离开人世时，你会对没做的事抱有遗憾，你不会在临终前为自己在上周日晚宴上的尴尬表现而感到难堪，而禁不住胡思乱想，你会自问，"我为什么不选择离开，去寻找更幸福的生活？我为什么就不能转移视线，乐观对待，难道我还不够成熟吗？我为什么就不能一个人好好过日子？我为什么就不能放下手中的工作，多抽时间陪伴家人呢？"

不要当你年老将要离开人世时，才想起要改变，现在这一步就真的那么难以跨越吗？

勿再等待

小说《审判》是卡夫卡·弗兰兹写的一个关于浪费光阴的反面教材。小说主人公没能把握住成功的契机，却怯懦被动地等待着上天再赐予他一次机会，结果他的人生在荒废中度过，一无所获。书中一个寓言最能反映小说的主题：

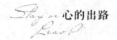

摩西律法门前守卫森严。一个农夫想进入，却遭到守卫阻拦，除非他能请求守卫让他进入。农夫迟迟未见有所行动，许久，他才开始思考起来，片刻后，他才决定请求守卫允许其进入。守卫说："晚点可以，但非现在。"

律法门一直敞开着，农夫趁守卫稍稍离开时，就俯身往里看。守卫见状，冷笑道："斗胆你就过来过我这关。可我先提醒你，我虽是法力最低的一个，但也不好对付。之后大厅里会有更多的守卫，他们法力一个比一个高，均在我之上。"

农夫没想到通往摩西律法的路是如此布满荆棘。他决定等待直至获许。守卫给了他一个凳子让他在门旁坐下。就这样，日子一天天一年年地过去了，可他仍在等待。一开始，他还大声疾呼上天不公，命运不济，可渐渐地他开始衰老，只能喃喃自语，絮絮叨叨。

渐渐地，他两鬓发白，年事已高，视力日渐模糊，甚至开始分不清他眼前所见的是真是假。通往摩西律法大门前那道永不磨灭的光是他唯一所见，可惜他已命不久矣。现在他即将离开人世，心中一直想大胆要求守卫让他进去，可直至离世前他仍未得偿所愿。他的手脚已经僵硬，只能向守卫示意。守卫也要弯腰俯身才得以听其所言。对于他来说，守卫是那么的遥不可及、高不可攀、不可逾越。

"你还想知道什么？别老不知足。"守卫说。

"人人都向往摩西律法，可这么多年来只有我一人要求进去一看。"农夫说。守卫见其奄奄一息，大声地对他说："一直以来，这扇门只为你而开，只可惜一直未见你行动，现在为时已晚，大门即将关闭。"

这则寓言发人深省。小说的主人公屈于开口请求获许的恐惧，让生命在等待中白白荒废，终其一生，碌碌无为，终归愧疚万分。

羞耻愧疚

你还在由于畏惧而选择逃避吗？你还不能鼓起勇气，重拾自信吗？你还在顾忌所谓的风险吗？杞人忧天如此般，梦想终究难如愿，却只有在悔恨中终其一生。

　　不要再为自己找借口逃避了，一寸光阴一寸金。从今天起，把握生命，勇敢开启那扇只为自己而开的大门吧！

第四章

该放手时就放手

塞翁失马，焉知非福

前面我把犹豫不决、停滞不前描绘成浪费生命，这也许有点耸人听闻，但其实事情听起来也许并无预想的那么糟糕。塞翁失马，焉知非福？我们该学会凡事往好的方面想，懂得趋利避害。遇事不轻举妄动，直面现实，学会用另一种眼光来看待，

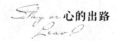

再另做打算。除非准备就绪，否则你断不会贸然行动。

但到底是真的未准备就绪，还是在为自己迟迟不采取行动找借口呢？或者只是不愿意？艾伦·维里斯（Allen Wheelis）用以下这个暗喻来描述那些难以做抉择的人：

有些人停滞在十字路口前，不知该何去何从，幻想着有那么一天，会有两全其美的解决办法，并为其默默等待。

我们的一生都在不断地做选择，我们都幻想着能有个两全其美的结果，可事实偏偏是选择一方就意味着必须放弃另一方，在一段情感关系中更是如此。你想由此解脱出来，可就是难以自拔，始终迟迟下不了决心。

你可能会为自己的犹豫不决找借口。这就像坐在乡村葱郁茂密的草地上沐浴阳光享受着野餐，惬意地思考着下一站该去何方，哪边的风景更美。不管选择哪一方，另一方的风景都会让你迷恋。你不停地计算得失，想做一个抉择，可终日患得患失，停滞不前。

时机成熟就该当机立断

你们中有一些人真诚地希望能迈出改变的一步，却犹豫不决、停滞不前。其实这正如在一条过短的跑道上起飞的飞机，危险万分，难以控制。

为了能安全起飞，机师必须要在加速的同时稳踩刹。此时，发动机嗡嗡作响，整架飞机会迅速起飞，在震荡和重压之下，如不能迅速起飞，飞机就会有坠毁的危险。因此，机师必须要把握好时机，一旦时机成熟就该果断地松刹，飞机才能顺利起飞。

试想一下，若你是那位机师，在那千钧一发的时刻犹豫不决，久久难以松刹，那么当你继续加速时，飞机将有坠毁的危险。

因此，犹豫不决是解决不了问题的，这无异于玩命，终有被摔得粉身碎骨的一天。停滞不前绝不是中庸之道。相反，它会使你走向另一个极端——不断地与自己做思想斗争。

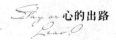心的出路

犹豫不决的危害还远不止如此！由于过分为难自己，以至于失去自我，似乎变成了另一个陌生的人。

我初次见乔恩是在他正苦苦抉择是否要离开妻子安娜之时。痛苦可怕地吞噬了他的自信，令他做事错漏百出。经历了无数次的对峙交锋，乔恩学会了让步妥协，不再固执己见了。

得不到妻子安娜的欣赏使乔恩在工作中失去了自信，对同事的冷眼相待也习以为常。最后，他的工作组的业绩每况愈下。乔恩生平第一次受到了老板对他个人工作态度及管理下属方式的批评。从此，乔恩失去了自我，无论是在家，还是在职场。

每当独处时，乔恩总会遥想当年，那时的自己是多么活力四射，自信满满，备受青睐。他也明白妻子是造成这一切的罪魁祸首，还有他的一些朋友们也难辞其咎，唯有早日离开他们才是解决问题的最好方法。可他就是割舍不下她。转身离开，似乎比继续留下更加痛苦。选择继续留下等同于死踩刹不放，这无异于自己承受粉身碎骨般的巨大痛苦。

32

第二篇

翻开人生新的一页

Stay or

Leave?

第五章

新的开始

对待困境的良方

你或许还在为上一章末乔恩由于始终犹豫不决而使自己承受如粉身碎骨般痛苦的遭遇而惧怕、畏缩，然而现实生活中，我们中的大部分人都迫于无奈、别无他法而选择犹豫不决。也许这只是在自欺欺人，其实，你的生活充满着无法挣脱的使命与义务。

　　想让自己活得更有意义，更加踏实，你需要面对现实，找
到自我存在的价值。为自己做一次公平选择，对自己的选择负
责任。而不是终日身陷其中，怨天尤人。唯有你自己能解救自
己脱离困境。

黄金问题

　　你也许一时间难以接受第一章给出的三个建议。接下来，
请试着问自己几个黄金问题，这有助于你明白这三个建议的可
行性。这些问题会增加你对面临困境的新的理解，有助于你形
成对解决问题的新的看法，开启人生崭新的一页。

第六章

黄金问题：勇于承担责任

问题一　你在试图迎合谁

由于受到别人对自己及行为的看法的制约，很多人觉得难以改变现状。前来向我咨询的人常说："我承受着犯罪般的痛苦，我讨厌我的生活，却无能为力。"

我问他们："你这是为了取悦谁？为什么不试着改变现状

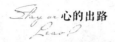

呢?"回答各式各样,有的说为了不给父母、孩子、对方或朋友造成伤害,也有的说为了社会的和谐。他们却从来没有为自己考虑过,对于自己来说,到底什么才是最重要的。看不清现实,人生便失去了意义,他们也就变得意志消沉,生活也随之黯然失色了。

我们为什么只为别人而活,而不为自己而活呢?小时候,无论在学校还是在家,我们常被教育要为他人着想,不该以自我为中心。凡事都有对错,要懂得分辨是非黑白。渐渐地,我们长大了,开始变得叛逆,敢于反抗父母、老师、老板等权威,这在他们看来是那么幼稚可笑。可我们坚信,面对权威,应该敢于挑战,而不该盲目服从。

我们坚信,万物皆有对错,对于何为对错,每个人都有自己判断的权利与标准,不应该强加于人。可我们凡事都力求做到尽善尽美,犯错在我们看来是那么不可接受,因为它让我们看起来有瑕疵,在世人面前不再光彩照人。当我们自己的想法、信仰和追求有悖于我们关爱的人时,害怕因此招致他们的不理解。

如果你为了取悦他人或获得他人的认可而一味地迎合他人的价值观和看法，为了满足他人却摒弃自我，这只是在自作自受，你不该怨天尤人。正如《禅宗佛教手册》中所说的那样：

　　问："我怎样才能获得解放？"

　　禅宗回答："谁给你束缚了吗？"

　　我不是提倡你变得冷酷或轻率待人，也不是让你一味地去取悦他人或以他人为先。我只是想说，没人给你束缚，不管何时，你都是自由身，都有追求快乐的权利。可前提是，你必须要为自己而活，为自己的心而活。

问题二　你是自己人生的主宰者吗

　　前来求助者向我反映，他们身上背负着巨大的经济负担并感觉自己愧对身边关心自己的朋友们。面对突如其来的改变，人们往往无所适从。他们要面对诸如解决房产分割纠纷、应对家庭的大笔日常开销、孩子的教育费用和在不伤害孩子与其小

伙伴之间的友情的前提下为其转校的费用等责任问题。

他们说："每次我都想干脆地做个决定，分手，再重新开始，可每当想到这些问题时，我就裹足不前了。我担心家中年事已高的父母能否接受这个决定。我的孩子可能因此而遭受巨大伤害，这也让我很崩溃。朋友们都很看好我们，一直很支持我们。要是他们知道我们分手，恐怕会与我断绝来往。"

每当裹足不前时，你是否会被身上背负的责任所动摇？你害怕搬出去会是噩梦的开始，这意味着更多的时间会浪费在往返于上下班的途中，以至于减少了陪伴孩子的时间。你担心离婚是否会让父母觉得很尴尬？你担心自己能否完全经济独立？离开行动不便、需要你料理生活的伴侣，你会觉得愧疚吗？你不能想象离婚后更加争吵不断的令人崩溃的生活。

或许，你有责任和义务作为你今天不行动的借口：女儿来过周末；伴侣这周努力改变了许多，不久后就是他（她）的生日，不想给他（她）留下不愉快的记忆。也许你已经预定好了要和他（她）一起过生日，你不能推掉。又或许你们都应邀参加婚礼，不去很尴尬。还可能一方不幸感冒了，需要另一方照顾。

　　每当求助者感觉被责任所禁锢时，我都用政治家休伯特·伯努瓦（Hubert Benoit）对一个男人的描述来教导他们。像前来求助的人们一样，这个男人也觉得自己似乎走进了牢房。这间牢房狭小而阴暗，只有一扇透光的小窗户。男人踮起脚尖，抓住一根小窗户前的栏杆，看着那透射进来的一缕阳光。如果他紧握栏杆，使劲往上推，就能看见栏杆顶部明亮的阳光。他丝毫不放弃获得阳光的一丝希望，而忽略了牢房的其他地方。结果，他从未想过，牢房末端的门可以打开，他其实是自由的。他一直能自由地享受牢房外的阳光，只是他自己未曾尝试。正如心理治疗专家谢尔登（Sheldon Kopp）说的那样：

　　生活中我们不只是被自己狭隘的视野所打败，还有对未知将来的恐惧和自我搪塞的借口。我们把现实看作囚牢，而别人就是狱卒。

　　比尔曾一直想过辞职当剧作家　　哪怕只有一丝的希望，他也想争取。可一想到身上肩负着对妻子琳达和儿子萨姆的责

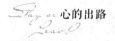

任，他最终还是说服了自己放弃梦想。他从此感觉自己被关进了一个阴暗的囚牢，无半点逃生的希望。

一段时日后，比尔看清了现实，他只有两个选择，要么继续怨天尤人停滞不前，要么发挥自我潜能。他灵机一动，选择了后者，并花费大量时间尝试说服妻子支持他实现梦想，终于他做到了，成功地将自己从那个困惑的十字路口解救出来。

你还在怨天尤人，为自己找借口吗？在现实中有很多像比尔和伯努瓦这样的人，其实他们只是作茧自缚。你也许会像我的病人一样问这样的问题："我要怎样才能负责任地迈出这一步，不愧对朋友和自己？"

那关乎你怎么定义责任。

问题三　谁在支配你

刚才我所指的责任是指一个人做他自己的责任。每个人来到这个世界上，都有自主选择人生的权利，这是与生俱来的，无人可剥夺，专属于他自己。

因此，你可以选择只是为了活着，也可以选择不断突破自我，但你若只会怨天尤人，那你两者都不是，也许这只是为了负起你自己所谓的诸多责任：

- 选择被动地生活。
- 选择尽责任和义务。
- 选择不现实的生活。
- 选择自叹不如。
- 选择承受无动于衷的结果。

从这一角度看来，责任义务与权利自由密不可分——选择的权利与自由。你可以自由地选择人生，甚至也有不选择的自由。心理治疗师 Irving Yalom 曾说过：

每个人都该为自己的行为负责，这不只是作为，还有不作为。

每天你似乎都要做很多取舍，该做不该做，该说不该说，该坚持还是放弃，该重视还是舍弃，该继续还是改变。其实这

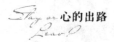

恐怕只是你作茧自缚，自作自受。造成自己痛苦不堪的罪魁祸首其实是你自己。

你理所当然地认为，理智的选择必定意味着放弃。但事实是，没有人在支配你。你不是任人摆布的木偶。若想结束痛苦，重新开始充实的生活，你就必须承认自己才是生活的主宰者和支配者。你能自主选择做自己想做的事情：继续留下并做出改变、追求其他美的事物、暂时分开一段时间、离婚、尝试分居，等等。

自我反思

请试着反问自己：

1. 我是否为了迎合别人而让自己身陷其中痛苦不已？（例如：我为了迎合父母而按他们的意愿做选择，结果让自己很痛苦。）

2. 我该对自己的以下选择负责任。（例如：我该对自己选择
不现实的生活负责任。）

3. 我该对自己的选择负责，承担其后果，而不是……（例
如：我该对自己的选择负责，承担其后果，而不是选择逃避，
依赖父母来做选择和承担后果。）

第七章

接受你所做决定的缺陷

问题四　你还在等什么

　　即便你想到要承担责任，你仍会发现自己裹足不前，意识到造成自己停滞不前的根本原因其实是自己并不愿意迈出前进的一步。此时的你就如在前进的起跑线上，仍需要决断和行动的勇气与动力。

你仍在十字路口徘徊迟疑，不断自我斗争的原因在于，你深知做出选择意味着必定要取舍，选择了一方，必定要放弃另一方。

比如说社会地位和经济基础，都被平等地视为优势，这包括大豪宅、名跑车、高尔夫俱乐部会员身份、价格高昂的剧场贵宾席门票、儿童私教、私人教练等一系列象征社会身份的标志。你之所以犹豫迟疑，很多时候就是出于保护自己社会身份的考虑。

即使你认识到果断行动可能会带来重塑自我的机会，你仍会担心失去上述的特殊待遇给你提供的生活保障、安全感和社会地位。也许我有时显得过于严厉，其实我是在强调改变生活最困难的地方在于是否能果断地学会放弃。

朱莉娅嫁给了有职位头衔的银行家詹姆士，住着富丽的私人豪宅，过着经济富足和有名媛身份的有地位的生活。在这之前，她曾与别人成功地合伙开了一家律师事务所。可嫁入豪门后，她觉得自我被抹杀了，终日活在丈夫名望的光环之下。朱莉娅

来向我求助，因为她发现自己难以扮演好妻子的角色。虽作为丈夫的贤内助，可在丈夫的同事面前，她感觉不到自己的存在，也得不到应有的尊重。她跟我说想要复出重操旧业，可当她与丈夫商量时，却遭到丈夫的强烈反对，极力要求她继续在家做全职太太。他们都设法一门心思专注于经营好自己各自的事业。

　　渐渐地，朱莉娅在家开始感觉不到自己的存在，方方面面都得不到应有的尊重。在我们认识之初，她还在是要继续享受现在拥有的一切，还是放弃现在回到从前之间难以抉择。终于，她选择了放弃现在拥有的一切而回到从前，也许她的生活将过得没现在舒适，可她却会过得比现在快乐。因为她不会再受到豪门社会地位的束缚，从此获得自由解脱，做回原来的自己。

　　做决定的确很痛苦，因为它们不断地提醒着我们，生活充满多种可能性。为此，我们极力逃避做决定。为了克服逃避心理，我问过前来求助的人："你在等待什么？"他们回答说："万一我要是做错了这个巨大的决定，我该怎么办？到那时，我恐怕会后悔不已，追悔莫及。"为了回答上面那个问题，我想引用

48

19 世纪哲学家克尔凯郭尔的作品《非此即彼》里的一个人物。这个人物坚信：选择什么并不至关重要，因为不管做何选择，都会留有遗憾！就如结婚一样，选择结婚或不结婚都会有遗憾。

如果你选择继续单身，你会抱有孤独终生、老无所依的遗憾，然而如果你选择了一位伴侣，你将会因为失去单身的宁静和自由而感到遗憾。如果你仍在拖拖拉拉，等待着这两条路会合二为一（当然，这是不可能发生的），那么你这一生将会一事无成。虽然做出决定会留有遗憾，可犹豫不决也一样会有遗憾。

问题五　你在逃避为已经虚度的光阴负责任吗

也许你选择像现在这样一直无动于衷，也不为你的行为负责，但这并不意味着你以前未曾选择过采取行动。

如果你接受采取行动的决定，那你必须接受你有采取行动的能力。通过选择无动于衷，你试着承受自己的选择给自己所造成的伤害，过着不可预测的生活。

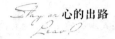

　　最近，我建议我的一个病人利比跟她丈夫斯蒂芬分居半年。由于她过于依赖丈夫，以至于她的精神状态不佳。可利比毫不犹豫地拒绝了我的建议，因为她不想放弃跟丈夫这 10 年来的感情。毕竟是长达 10 年的感情，她割舍不下，要离开早该离开了。请时刻谨记：不要因为过去所做的决定留下愧疚感，而害怕为现在做决定，这只会使僵局持续。你不能弥补过去，只能把握好现在和将来。

问题六　你在期待别人帮你做决定吗

　　另一个阻碍你做决定的难题是——即使你愿意承担自己的责任，可采取行动对你来说仍意味着翻天覆地的改变，一跃成为独特的你。你的生活从此将不再平庸，而变得特别。有时，对于你来说，这种改变会是一种解脱。有时，它又会是一种束缚。当你下意识地认为它是一种束缚时，你其实是在为了逃避束缚的痛苦而不愿做决定。

当你和朋友在一起，在工作室和咨询师在一起，或和亲戚在一起时，你会突然勇气倍增，变得决断有行动力。但当你独处时，你会想起做这个决定所要承受的代价——争吵不断、孤独寂寞、寻求勇气。

前路茫茫，喜忧参半，惧怕失败，历经磨难，你还要面对一个现实——即便你的决定得到了所有人的认可，但你到底还是要独自采取行动。恐惧占据了你的心，你再一次不知道自己真正想要的到底是什么。从此，你意志消沉，萎靡不振。做决定不等同于采取行动。你必须做决定，接着采取行动，最后独自承担后果，没有人能替你做决定，也没有人能为你承担做出决定的后果。面对这一切的只有你自己。

最终还是也只有靠自己是我们不可改变的、必须严正接受的事实，这也是我们值得庆幸的事实，是我们采取行动不可分割的一部分。

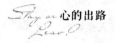

问题七 谁能替你做决定

很多人宁可不断地咨询他们所尊敬、爱戴的长辈或过来人的意见，并听取他们的意见，也不认识和接受自己才是最终裁判者的事实。或许你也是他们中的一员？

要真是这样，你也许会很吃惊。事实上，不管你寻找什么样的你所谓的有威望的权威人士来咨询意见，你其实已经在选择咨询师的这个过程中接受了咨询师关于下一步该怎么做的建议。

举一个我们常常听取专家意见的例子最能清楚地说明这个问题。当在考虑你需要用哪种治疗方法时，你在做决定前也许会选择咨询三种人给的意见：一种是一些略显浮夸的咨询师，他们的意见表面上听起来夸大其词，实际上很专业，很科学；第二种是寻找其他对你自身情况很熟悉的治疗师；第三种是你

52

的朋友，他们劝慰你不必过于介意，事情终究会有个解决的办法，车到山前必有路。

在考虑选择咨询哪种人群时，你在不断地衡量这三种人给出的意见。到了要做决定的关键时刻，你下一步如何行动将决定于你是否相信所谓的医疗专家的干预，是否看重其他治疗师偏爱让你报名参加他们的课程来帮助治疗。

即便你尝试尽可能客观地选择咨询者，你仍需决定要听取哪条建议，部分听取还是全盘接受。这再一次是对你价值观、知识面和信仰的考验。

我女儿难以让我9个月大的外孙，她的儿子亨利安稳地睡一夜直至天亮。我不让她看那些固执己见的非专业人士的意见读本，而让她阅读儿童心理学家写的读本。因为他们的论述有事实支撑，科学可信。可我禁不住会想：这里面还要做筛选，还有部分独断专行的心理学家提出"让亨利哭到睡着"的建议及提供所谓"科学的证据"来支持她的观点。我希望她采用像我自

己一样的人文心理学家提供的建议。这些人文心理学家提供的支撑证据反映了我们真实的价值观，因此我相信他们提供的意见正确可靠，听从他们的意见是个明智的选择。

不管你多么努力地寻求专业权威人士的建议，你都逃脱不了这个事实：其实你自己才是真正给自己建议的那个人，只有你自己最了解自己。无论你有多么谨慎地对咨询师及其意见进行鉴别甄选，终究，一切的决定只在于你自己。没有人能帮你做决定。

你要选择哪些类型的咨询师？你要选择听取他们的哪些建议，又要忽视哪些？当你听取别人意见时，你可能会遭遇以上的困境。我的经验直觉告诉我：你该选择听取那些符合你价值观，与你崇尚的取向相一致的建议。你自己其实早已有了决定，只需要听从自己的内心，相信自己，真正让自己来做一次决定。

第八章

黄金问题：满足自我物质需求和实现自我抱负

问题八　现在不行动，更待何时

即使你为现状负起了自己的责任，也接受了要让自己做决定，做一个属于自己的决定的这个事实，但你仍可能会裹足不前，迟疑不断。你意识到如果你选择继续逃避，你将要继续隐藏真实的自己和自己真正想要的来使自己适应现状。但同样你

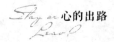

也知道，如果你选择面对现实做出改变，一些人将不会喜欢崭新的你，他们将对你不悦。正如著名心理学家弗雷德里克·皮尔斯（德国心理学家，格式塔疗法的创始人）在《细说格式塔疗法》中所说：

你可以选择跟众人一样，像得了精神病般继续执迷不悟，也可以选择冒着如被钉死在十字架上的危险而获得健康。如果你早已对生活不满，这到底是因为你如普罗大众期待的一样，得了精神病？还是鹤立鸡群，孑然一身？

我的一个病人简曾说过："随着岁月的流逝，我越发感到力不从心。虽然我的孩子们也在渐渐长大，可他们和我丈夫的要求却从未减少过。虽然我不想破坏永远以他们作为家中的重心这种和睦家庭的模式，但我有时真想他们也能及时在意一下我的需求和感受。"

你可以为了保全这个家而牺牲了自己的需要、愿望和抱负。你可在与闺蜜的谈心中苦闷地问道："什么时候才轮到他们也来关心我一下呢？"然而，你只能继续被动地俯首甘为孺子牛，为了满足他人而活。

在别人眼中，你是一个脾气暴躁的人吗？可事实上你知道——你的伴侣也知道——是你的伴侣做了一些如谋杀后逃逸般令人实在难以容忍的事情。每一次嘶声争吵似乎都是以自己无奈的让步妥协才得以安静平复，你与其他被动的人一样无能为力。同时，你也受制于伴侣的生活方式。他随心所欲，你却只能被动无奈地喊道："什么时候才轮到我放纵一下？"

不管选择什么办法，你是否都宁可苟且偷生，也不愿顶着被钉死在十字架上的风险？或者说，在每次吵架后你的遭遇已经告诉你没人会在意你的想法和感受。可你却一直天真地希望有人会这样做。

也许你会说："我之所以事事以他人为先，纵容我的伴侣，对待朋友、父母、祖父母和亲戚都很宽容，是因为我是一个体面的人，做事情应该要得体，不失情面。"你也许说得对，的确，在很多场合都应该以他人为先。可考虑到除你以外没人会那样做，为何不考虑也体面地对待自己，不要总是对不起自己呢？

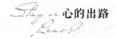

正如拉比希勒尔在公元前 10 世纪写道：

一个人自己都不懂得疼惜自己，没有人懂了。

一个人活着都不为了自己，他已不复存在。

一个人现在都不为自己而活，他该行动了。

问题九　最坏的结果会是什么呢

幻想别人会牺牲自己来迎合你是不可能的，这只会招致他们的反对，因为他们的生活更加困苦。因此，迈出改变的一步可能会导致一些令人不快的结果，不是吗？可行动已是迫在眉睫了，现在还不行动，更待何时？人都具有趋利避害的天性，具有高度自信的人都想要避免令人不悦的结果。英国前首相温斯顿·丘吉尔在一次战争内阁会议中对此做了一段文字概括，下面将引用其中的一部分：

为什么你让最勇敢的海军战士、最无畏的空军战士和最敢于冒险的陆军战士济济一堂，围席而坐；你究竟想要从他们身上得到什么？驱除他们身上所有的恐惧。

我们难以启齿，因为那面临潜在的争议；我们难以启齿新一轮的关于选择分开还是改善现状的讨论，因为我们担心这会：

• 让本来就已经很脆弱的关系变得更加不堪一击。

• 伤及他人或自己。

因此，病人之所以不愿提及结束这段婚姻关系，是因为他们害怕这会影响到他们与父母的关系。"最坏的结果会是怎样？"我问他们。他们禁不住会预想出一个灾难性的画面结果，回答道："这等同于杀了他们般痛苦。"

问题十　最坏的结果真的发生了吗

当我问他们："你预想的灾难性的后果真的如期而至了吗？"他们却都窘迫地说："没有。"

"那么，最后发生了什么？"他们只是号哭抱怨自己不该这么做，这让他人感到很失望。他们很害怕从此再也见不到他们的

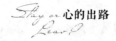

外孙。

接着，我又问："一年后，当你和孩子再次安顿下来，有了更加美满的家，找到了属于自己的幸福，脸上洋溢着难以言表的幸福感时，身边的人又作何反应？"他们会被我的反问弄得哭笑不得。

因此，我建议大家大胆地对父母说出自己真实的想法，哪怕这会招致他们的反对甚至影响到你们之间的感情，这是因为：

1. 你不能确定他们是否真的因此而发怒或感到失落。

2. 也许他们对现在裹足不前的你更加厌恶和失望。

3. 即使他们生气了一周又怎样呢？你知道过段时日，他们早晚会谅解你，支持你。当你证实了自己做对了决定时，他们会再次为你感到骄傲。

问题十一　裹足不前感觉如何

即便你不告诉他们真实的想法，你仍会焦虑万分，承担着巨大的压力，不是吗？前面我们说过，生活无时无刻不充满着压力和焦虑——不管你选择勇于开拓进取还是畏惧退缩——这个事实都不会改变。

当我向病人们解释这个道理时，他们仍会相信自己幻想出来的灾难性后果，说："现在情况已不容乐观，再采取其他行动只会是雪上加霜。"

我想提醒他们：可别忘了，生活不如意之事十常八九。既然如此，何不冒险一搏，至少你还有一半的机会能转变它。

自我反思

试着回答下面的问题：

1. 我想象中的最有可能发生的悲剧是什么？我预想到会有什么灾难发生？

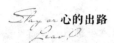 心的出路

2. 灾难真的发生了吗？

_____

_____

3. 实际上发生什么了吗？

_____

_____

4. 如果我不冒险一搏，会造成什么后果？

_____

_____

第九章

黄金问题：面对现实

问题十二　你还是你吗

生活中，我们无时无刻不面临着选择，选择能说的话，不能说的话；选择能做的事，不能做的事。生活就是那么残酷和现实，做选择时，你必须懂得为自己留有退路，留有余地，深思熟虑，考虑周全，且在生活中的分分秒秒我们都有自由选择

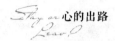

的权利，选择我们的人生，选择我们的工作。正是所做的这些
选择折射出我们是否敢于直面现实的生活。

　　有时，你可能有一刹那选择做回真实的自己。在一个阳光
明媚的下午，你在高速公路上驾车驰骋着，听着一首激动人心
的音乐，恣意放纵自己，任由身心自由飞翔，随心所欲，做一
些自己期待已久一直想做却没有勇气做的事情。也就是说，跟
随自己的内心，聆听自己内心深处的声音。也许你决定要离开
对方，重新开始新生活，找寻真正属于自己的幸福。其实，你
完全可以不受孩子干预自主做决定。也许你决定用审视现实，
改善现状换来继续留下。告诉自己这个决定必定是更加幸福美
好的将来。你们也学会了对对方多一些欣赏和尊重，多一些迁
让、理解和包容。

　　可当你一切都准备就绪时，活生生的现实如洪水猛兽般又
一次肆虐着你为自己编织的美好的梦。梦想再一次破灭，生命
中许多不经意的小插曲的突然到来成了你的梦魇，你不得不再

一次被卷入为他人而活的洪流中，害怕看到别人对自己的异样眼光。你又一次开始做回了为对方无条件付出的好伴侣，对父母意愿一味盲从的好孩子，却失去了做回无所畏惧的自己的无比勇气。你又一次做回了假想中"体面"的自己，却忘记了真实的自己。正如弗雷德里克·皮尔斯所说：

真实的自我和自我形象是两个非常不同的概念，两者之间存在天壤之别。许多人只为了自我完美的形象而活。其实每个人的心中都有个真实的自己，只是大多数人都这样逃避，只因害怕自己被世人贴上不光彩的标签。

敢于做真实的自己的人有高度的自我认知意识，能很好地自我克制和勇于承担肩负的责任。他们总能直面真实的自己，表现真实的自我而不矫揉造作，在芸芸众生中他们不人云亦云，不受世人眼光的钳制。他们总能保持自己独特的魅力和个性。

如果因为害怕受到世人的批评和指责而刻意把自己包装得很完美，企图以完美的形象示人，也要清楚地认识到人无完人，

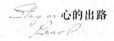

你的刻意追求终究会让自己迷失方向。

正如我在第六章所说，正是由于你害怕不被人承认，得不到别人的认可和尊重，你不得不给自己建立一个光辉完美的形象，容不得让世人瞥到具有瑕疵的真实自己。不断劳累地活在别人对自己的高期待下，你也只能屈从于伴侣、父母、朋友的意见，受制于传统价值观、社会伦理道德的束缚。最终，你为世人展示了一个戴着面具的虚伪的自己，面具下其实掩藏着自己真实的面目，内心深处真实的自己。这样把自己一分为二只会让你感到万分痛苦，身心疲惫不堪。

问题十三　你有勇气做真实的自己吗

为了免遭如被劈成两半般的痛苦，你必须努力地做回真实的自己。做真实的自己意味着顺从自己内心深处真实的想法，真实地面对自己，面对自己的每一次选择和每一次行动。你的行为是出于维护自尊的怂恿，还是出于畏惧的懦弱，抑或是同情、悲天悯人所致？又或者它可能已是你做真实自我的一次尝试？

做回真实的自己不意味着做事图一时冲动，不考虑后果。相反，它要求你用真实的态度看待自己的所思所想，并实事求是地接受和采纳自己内心真实的想法。不管这在他人看来是多么地不堪入目。只有这样，你才能为自己做一个有意义的决定，真正为自己而活。

那么，怎样的自我才是真实的自我？哲学家凡·克里夫·莫里斯曾说过：

一个知道自己真正想要的人是自由的，也是真实的。他知道每个举动，每句话语都是一次选择，一次权衡利弊得失、深思熟虑的过程。他深知自己才是自己命运的主宰者，只有自己能为自己的人生负责。没有任何人能代替自己来做决定。因为没有人比自己更了解自己。

问题十四 你是否受阻于"格列佛效应"的困扰

选择听从自己的心难免有时要冒着被朋友、父母、伴侣或社会扣上独断专行、不合群、爱冒犯他人、独来独往的帽子的风险。

这真的是你吗？你有自主选择价值观并能不理会旁人的眼光，以自己独特的方式活着吗？你有活在别人的影子里吗？如果你没有足够的勇气，说出心中所想并努力使梦想实现，你的人生只会像白开水般平淡无奇，一无所有。事实上，也许你在担心自己如此巨大的改变使自己都不认得自己了。

这种朝着不好的方向的改变就是我所说的格列佛效应。这出自乔纳森·斯威夫特(Jonathan Swift)的一部杰出的游记体讽刺小说《格列佛游记》，作者用丰富的讽刺手法和虚构幻想的离奇情节，深刻地剖析了当时的英国社会现实。讲述的是英国船医格列佛(Gulliver)因海难等原因流落到小人国、大人飞岛以及马国等地的经历。

在航海探险远洋生涯中，格列佛遭遇海难，船只在一个叫小人国(Lilliput，居民身高仅 15cm)的岛附近失事。他苏醒过来时，发现自己被当地的居民抓了。对于小人国岛上的居民来说格列佛是个巨人，他能够轻而易举地从当地居民手中逃脱出来，可出于激怒岛上居民会有生命危险的担心，他感到不应该这么做。最终，他被小人们的利箭所伤，事情被弄得一发不可收拾。

正是由于被自己假想中的镣铐所束缚，我们才畏首畏尾，裹足不前，陷入如同格列佛遇到的被动困境，只能受制于人。明知道是错误的，我们却对它百般容忍，全盘接受。因为我们没有真正理解我们拥有的权利，也没有正确看待他人拥有的权利，并且放弃了心中坚定的信念。

问题十五　你是否在作茧自缚

你遭遇过格列佛效应吗？你有作茧自缚的经历吗？如面对伴侣难以容忍的恶劣行为，你选择默不作声却不作抗争；面对伴侣与自己不相一致甚至相斥的价值观，你选择盲从而无动于衷；面对伴侣对待自己的粗暴态度，你选择忍气吞声，委曲求全。你只有在自认为可靠可信赖的人面前才敢于透露自己的心声。

面对不如意的现状，你是否也选择一味盲目地百般容忍，直至最后忍无可忍，终于自我爆发，从中挣脱出来。可你却发现，此举动不仅让自己痛苦不已，也伤害了别人，事情反而越弄越糟？当我们终于忍不住大声疾呼"受够了！"就像格列佛最终所做的一样，却以伤人伤己的结果告终。这恰恰相悖于我们的初衷，我们所做的一切最终害了自己，也害了别人。

已为人妻的玛丽亚育有 3 个女儿。她曾经是一个有主见、爱管事的妈妈。可现在，她变得越发冷漠，话语也越来越少。她为什么会变成这样？那是因为其他家庭成员只顾自己的意愿，完全不理会妈妈的感受，在对家人百般迁就和妥协之下，玛丽亚失去了自我。她盲从于对自己百般挑剔、诸多要求的孩子和丈夫。可悲的是，她的付出却没有得到回报，当她想为了自己"自私"一次，成全自己当室内设计师的心愿时，却遭到家庭成员的反对。

情况愈演愈烈。以前，她是个善解人意、温柔大度、体贴入微的妻子和母亲。为了这个家，她默默地奉献了自己的一切。每个人的要求和愿望都在她无条件的迁让妥协下得到了实现。可当她有一天想"自私"一把，拿回本该就属于自己的时间、空间和职业时，却发现遭到了全家的百般反对和阻挠。一直以来，为了保全这个家，她都在默默地成全别人，牺牲自己，已经完全尽到了作为妻子和母亲应尽的责任和义务。可她所做的一切

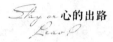

最终换来了什么？只是向朋友和亲戚大声哭诉她的不公遭遇而已。直至今日，当玛丽亚与丈夫和孩子发生口角时，首先让步的也还是她，这让她受挫不已。这个家就是玛丽亚的小人国。多年以来，为了维护保全好这个家，她倾注了自己的一切。她感到自己就像是插在圆形小孔里的一枚方形的钉子，已经快要被压迫到变形了。她已不再是一个完整的人，而是变得毫无斗志，与人格格不入，终日忧郁。

找到自我价值并追求实现之，是每个人都平等拥有的自由，是一件让自己感到满足愉悦的事情。在追求实现自我价值的过程中，你可能会发现你的自由权利被剥夺了，这也是你想要极力避免的。但是，只要你换个角度看待它，就会发现这其实是实现人生突破的又一次挑战，又一个契机。

想迎接挑战，你需要发掘和汇聚勇气，在芸芸众生中敢于标新立异，在茫茫人海中找到自己独特的个性，专属于自己的立足点。为此，你需要直面内心的恐惧，抵制悲观的情绪上演，还要克服自负与傲慢、悲天悯人和悲观泄气。唯有如此，你才能真正完全为自己做一次决定，为追求自己想要的人生而真正尽到应尽的责任。

自我反思

试着回答下面的问题：

1. 在日常生活中，你在多大程度上刻意追求塑造自我完美而光辉的形象？

....

....

2. 想要实现自我真实的价值，你该怎样推陈出新？

....

....

第十章

小　结

　　这一章将对前面的内容做个总结。前几章我们提出了以下
几个黄金问题，这些问题旨在帮助你早日摆脱犹豫不决的困境，
走向幸福人生。

　　你在试图迎合谁？

　　你是自己人生的主宰者吗？

　　谁在支配你？

　　你还在等什么？

你在逃避为已经虚度的光阴负责任吗？

你期待别人帮你做决定吗？

谁能替你做决定？

现在不行动，更待何时？

最坏的结果会是什么呢？

最坏的结果真的发生了吗？

裹足不前感觉如何？

你还是你吗？

你有勇气做真实的自己吗？

你是否受阻于"格列佛效应"的困扰？

你是否在作茧自缚？

突破自我的六道跨栏

为了教会你摆脱困境的方法，我把它总结归纳为以下六个
要点——突破自我的六道跨栏。若你想人生充实而有意义，而

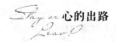

不是终日无所事事碌碌无为，从今天起你就该跨越这生命中突破自我的六道跨栏：

1. 面对现实——敢于做真实的自己，为自己而活。（不要理会别人的眼光。）

2. 把担忧看作人生的一段积极的、必经的体验。（勇于接受它，而不是被它吓倒。）

3. 使你仅有的一次人生过得有意义。（不因碌碌无为而抱憾终生。）

4. 勇于为自己承担责任，不要埋怨他人。

5. 时刻记住：面对困境，你拥有选择权，而不是只能盲目接受。

6. 树立积极的世界观、价值观和人生观，并以自己的方式生活。

人生中拥有了这些全新的元素，你就明白了该怎样做决定——去还是留。这六道突破自我的跨栏同样也给你行动的勇气。综上所述，我讲述了你现在面临的困境、面临困境的原因，以及如何摆脱困境，那就是：

跨越生命中突破自我的六道跨栏。

现在你已经准备好了，还在犹豫什么，赶快行动吧！

勇敢地跨越吧！

我预示到你现在会说："我知道要跨越，可我该怎样跨越呢？"

虽然学习了我提议的办法，可我的许多病人仍发现自己没有勇气和胆量跨过去。我再次跟他们说，也跟你们说："你若不能，没人能代替你。"没有任何人能代替你给你做决定，只有你自己可以承担其后果。也没有人能帮到你，一切全凭你自己。你做出决定后，也将独自承受没有勇气将决定付诸行动的悔恨，独自承受冒险行动的担忧。

因此，解决你困境的最好办法就是："勇敢地跨越吧，别顾虑！"如果你想让生命更有价值，更有意义，你就应该不断突破自我，不断跨越自我，行动，行动，再行动——每天都跨越那六道突破自我的跨栏。

　　"生活就是一次旅行体验。"这句话经过了多次实践后被证明说得很有道理。虽然一个人独自旅行会孤单、寂寞难耐，但也仅仅如此，再无其他。所以，其实独自旅行也并不那么痛苦。

　　世上无所谓菩萨般的上天赐予的最终的救世主，也无所谓绝对正确的答案，绝对的权威，只有你自己。我已给你指了一条明路，你可以寻找一个人与你结伴而行，给你前进的信心和力量。可我要提醒你，这就像跳蹦极，旁人能教你怎样系好安全带，告诉你感受如何，教你避免受伤的最好办法，甚至在你跳前一直拉着你的手不放开，可到了最后一刻，你，终究也只有你自己要独自往下跳：一旦你做了某个决定，就必须独自承受其痛苦，独自承担后果。

　　我还要说：虽然我教你的办法现在给了你行动的勇气，可不管怎样，这只是成功的一半。你仍处在深渊的边缘上，只有学会了跨越的技巧，才能安全地跨过去。

　　在接下去的第三部分，我将对第一、第二部分做个更加实用的归纳总结。我将教给你一些如何果断地将决定付诸实践的办法，但有一点你还是别忘了，最终只有你自己单独跨过去。

第三篇

突破自我的六道跨栏

Stay or Leave?

第十一章

跨栏一：面对现实——敢于做真实的自己

走自己的路，让别人说去吧

面对自己

你需要跨越的第一道跨栏就是面对真实的自己，走自己的路。为此你需要不断扪心自问："我是否能坚定地走自己的路，为自己而活，而不去理会世俗的眼光？我仍活得很不真实吗？一直以来，我不求改变，却只是安于现状——树立了许多目标，

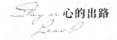

却难以持之以恒坚定地努力使之实现？"

　　当我们碍于旁人不悦的顾忌而不去说出心中真实的想法，做真实的自己或做自己真正想做的事情时，我们的虚伪暴露得尤其明显。我们不去努力争取心中所想，却宁愿选择回避本无可避免的冲突。

　　我们来举下面几个关于家庭庆祝圣诞的方式、应聘新工作以及与心仪的对象约会的例子。每每此时，你都会在某种程度上把真实的自己封存起来。因为你在审视着令人不悦的自己。这就是不真实的你。

　　当然，有些时候，正如我刚才所描述的，做别人心中所想，不辜负别人对自己的期待是一件好事。你希望在圣诞佳节来临之际全家团聚，在面试时有好的表现和发挥，与心仪的对象还有下次的约会。

　　但长期压抑自己心中真实的想法乃至失去自我将对你毫无益处。

　　为了迎合别人而违背自己的意愿，长此以往，你就会失去自我平衡的重心，忽视自身的人格尊严，无快乐可言，甚至感觉不到自己的存在，变得妄自菲薄。

因此你的第一道跨栏就是要学会如何面对真实的自己，做真实的自己——敢于表达自己心中的所思所想。纵然你会因此而招致旁人对你的不满。

当你敢于面对真实的自己时，你就能坚持自己心中所想，不会屈服于对你来说甚至是至关重要的东西，虽然这让你感到不适。如果你决定留下，就该努力改善这段关系；如果你决定离开，就该平心静气地与对方谈妥如何处理好后续引起的一系列问题，如家人及朋友的反对与干预、律师意见的干涉、不易谈妥的房产交易，等等。

明白自己该如何辩驳

冲突本身是不可避免的，可这并不是问题的根本。关键是看你如何处理它。你也许会不同意这个观点，因为每每说到冲

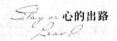

突这个词，就会让人联想起火冒三丈、大吼大叫、怒气冲冲地关上房门、对峙僵持（若僵持不下终有一方妥协而得以分出胜负）、尖酸刻薄、伤害、心烦意乱、闷闷不乐、失声痛哭、大吼对方的名字、侮辱冒犯以及终日憔悴、情绪低落等词。因此，你理所当然地认为，冲突本身是问题的根本。

但你怎么就不能联想到一些与冲突相关的褒义词，冲突也许并不是梦魇的开始，而是幸福的开端。你是否想过冲突过后也许是新的一页，开诚布公、考虑得更加清楚、问题得到解决、多一些沟通而更加了解对方、做最好的自己、同情怜悯对方、学会站在对方的角度看待问题、磋商妥协、达成共识、实现共赢、从此过着远离争吵的生活、彼此之间多了一份理解与宽容、双方关系得以改善，等等。

冲突本身既不是消极的，也不是积极的，而是中立的。它所起的到底是建设性的作用还是毁灭性的作用，关键在于我们如何对待和处理它。

区分你自己是否真实的一个标准就是看你处理冲突的方式，试着问自己下面的问题：

1. 合作性：在争吵中，我在多大程度上真正试着去理解对方的观点？我是合作地提问并倾听，还是不合作地置它于不顾，凌驾于它之上？

2. 坚决性：在争吵中，我在多大程度上敢于坚持自己的主张？我有足够的勇气去表达自己的内心感受及想法吗？还是我一直不敢说出心中真实的想法？

然后，永远记住这两条原则，参照下页图中的模式，选择一种你处理冲突的最典型的模式，可供选择的有：对峙、合作、妥协、避免和适应。

别屈服于格列佛效应

当我的病人们在使用这个模式来解决冲突时，他们中的大多数人发现，在生活中，尤其是在冲突中，他们总是试图避免发生正面冲突而采用妥协、适应等手段。换句话说，他们正处于模型的三角瓶底。

这是因为，在分歧中，他们的伴侣试图强硬地对抗（见格列

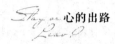

佛效应方形图模式的最左上角），这使他们紧张焦虑、坐立不安、不愿还击。

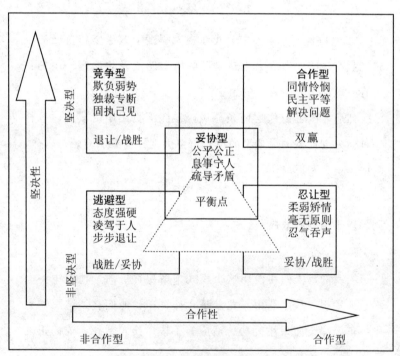

模式二：格列佛效应

也许他们的伴侣为了避免冲突而选择保持缄默，可他们的神情清楚地表明他们蔑视对方（方格左下角）。这种处理冲突的被动挑衅模式类似于威胁恫吓，平息了对方想发动的一场他本该有理必胜的争吵。

模式底下的三角形是格列佛效应的视觉效果图。你是否对这些处理冲突的模式似曾相识？你是否被你伴侣处理冲突的方式吓倒了，因此而感到被一张无形的网束缚着？你仍然选择困在此格列佛效应的三角模式中吗？继续迎合对方，避免冲突又或者让步妥协？

你是否用以上的方式与家人度过圣诞节、与上司或同事合作共事、与手艺粗糙的剪发师交涉或对待餐厅随便敷衍的服务态度？

不要再天真地认为你所做的一切能平息纷争

如果你把自己看作一个生活在三角模式中的人，尤其是在

适应迎合方块中，那么你会为自己的行为进行合理的解释，告诉自己和别人"我所做的一切都是为了平息一切的纷纷扰扰"。的确，力免分歧、不悦、愤怒和争吵无疑能换取短暂的安宁和清净。

可这是长久之计吗？试想，如果你日日夜夜、成年累月、岁岁年年都逆来顺受、忍气吞声，只为了避免僵局的发生或把双方关系弄得更僵，你这样就真的能如你所愿吗？最终，你只会觉得自己就像一个专门让人发泄的受气包。对于别人对待自己的恶劣态度和粗暴行为，你也只是一味地忍让屈服，为了别人不惜牺牲自己。终究，你苦闷地问自己："什么时候才轮到有人关心我一下？"

一味单调地、毫无激情地对别人的要求只会说"好"的人，其实是对自己人格的莫大侮辱与践踏。为了暂时的几分钟、几天或几周的安宁而违背自己做人的原则，其代价是沉重而巨大的。

是时候改变自己的行为了。脑海里别老想着"一切为了和平"，你应该这样提醒自己：对一切忍气吞声这种息事宁人的做法从长远来看，换来的只是片刻的安静。回顾一下过去别人是怎样利用你善良的本性的，我相信你肯定会感到遗憾。

别再伪装掩饰

另外，你可能发现自己是一个用格列佛左上方格模式来处理冲突的人，不断地在争吵中向对方大吼大叫，然而争吵却难分胜负。

无论你是愤怒地在和对方对抗还是处于三角底部的模式，隐忍迎合、避免正面冲突、妥协退让或息事宁人，都一样无异于伪装。如果你与伴侣在冲突时仍能按捺住不发火开口大骂，那么这种虚伪性就表现得越发明显。

但有一点可能会让你很吃惊，即便你们中的一方在发动火力攻击对方，依然很可能是在伪装。

我最近和一个叫奈杰尔的同事在同一间办公室工作，他看

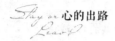

起来很焦虑。我问他怎么了，他回答说："最近我让女朋友艾玛生气了。"对于女朋友的发怒行为，奈杰尔说他感到很抱歉，但同时也表示可以理解，因为女朋友脾气很大。我知道事实的确如此。

然而，当艾玛再一次来电时，奈杰尔只气冲冲地回答了几个字以及说了一些冷嘲热讽的话，之后不道别就挂断了。奈杰尔的气话隐藏了他内心的伤痛，也隐藏了对女朋友的负罪感和理解之情。正是由于他的伪装，使得女朋友艾玛完全领会不到奈杰尔心中真实的情感和想法。在那天晚上我有预感，回家后他们之间的对峙展开了，并不断恶化。

奈杰尔如能尝试真实地披露自己，冷静地解释他所做的一切及其缘由何在，还有自己对艾玛的攻击有何感受的话，那么，自己和女朋友之间化解矛盾争端的机会就会大得多。

如果你就像奈杰尔一样，不断隐藏真实的自己，当受挫时就只知道捶胸顿足、大吼大叫，却希望有一天困难会迎刃而解，你会得到对方的谅解，改变对方的行为。

别再幻想了，你是不会成功如愿的。最后你极有可能不仅厌恶对方的所作所为，对自己的行为也会感到诧异。你的愤怒掩饰了自己受尽挫败的伤痛和对对方的理解。随着时间的流逝，你仍在原地不动，没有半点改变。你对自己还能为这段关系做点什么，自己到底想从这段关系中得到什么感到很迷惘、很茫然，对于对方不肯让步的态度你越发忍无可忍、愤怒不止并且无法控制自己。

开诚布公，敞开心扉

在一段关系中，无论谁是表现强势或被强势的一方（隐藏心中的不安全感、嫉妒感等），另一方都必须避免正面冲突，而是迁就对方或妥协退让。他们的观点和主张未曾得到发表的机会，就被人遗忘了。

因此，事实从未被公开。如果大家不能做到互相公开透明，

开诚布公，问题就不能得到根本的探讨和解决。非洲籍美国作家詹姆斯·鲍德温写道：

面对问题你未必就能解决它，可不面对问题，它一定得不到解决。

凯莉和罗伯特用以下的模式来解决争端。

首先，凯莉会配合罗伯特，表明自己的追求。一次，凯莉希望罗伯特把客厅的墙刷成蓝色，罗伯特却讨厌把墙刷成蓝色，但是对待冲突他有一个平息争端的万能办法。为了避免正面冲突，他说了一句："好主意。"

三周过去了，罗伯特没有任何动作。凯莉感到很恼火，正处于与对方对峙的方格模式中，她吼道："为什么你还不刷大厅的墙？"罗伯特本想反抗驳回一句，但想到为了不引起正面冲突，最终选择了迁让，做出了让步，向对方妥协会在几周内把客厅的墙刷成蓝色，但实际上却非出自本意，自己根本没有任何要做的意思。

三周后，墙依然没刷。凯莉因此而与他发生争吵，但一如既往地罗伯特再一次依旧没有履行他的应允。为了避免正面冲突，从源头上制止争吵，罗伯特现在通过妥协不仅从心理上而且还从生理上遏止争吵的发生。空闲时，他常待在花园的工具棚里，或在酒吧里与几个老友抱怨自己那个唠唠叨叨、喋喋不休的妻子。

到底是谁的错导致妻子凯莉从未清楚丈夫罗伯特的心中所想？到底是因为凯莉的火爆脾气致使丈夫不敢说出自己的真实想法，还是由于凯莉丈夫的怯懦使然？

说出自己真实的想法

好了，我们现在知道对于自己的行为，不该归咎于任何人，一切源于自身。如果罗伯特在一开始就有勇气用对待成人的合作态度来解决问题，平心静气地用商量的语气对妻子凯莉说："我不想刷墙，我讨厌蓝色。"凯莉就可能提供别的可商榷的选

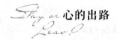

择，如雇用一个装修工来刷，或另选一个他们都喜欢的颜色。

如果事情是自己本身想做，不是妻子凯莉要求自己做，罗伯特其实是可以将自己和妻子都置于合作、共赢、解决问题的方格模式中——解决困难、避免压力、停止争端。罗伯特本来能够选择坚持自己的主张，并勇敢地说出来，但他却没有选择这么做，结果他被困于万丈深渊，正如他和老友们在酒吧里说的那样：

如果你想一段关系得以长久，那么当双方意见出现分歧时，你必须要及时与对方坦诚沟通，做到双方公开透明，以开诚布公的态度与对方相处，只有这样才有助于双方共同解决矛盾冲突。

不要屈服于自认为心照不宣的潜合约

如果你一次又一次都不能解决好与对方的分歧，那么你就不只是在浪费自己的时间——而是在浪费自己的生命。你既不放手，果断离开，又不能处理好与对方的分歧，只能继续身陷其中，这是一个悲剧。与对方没完没了地争吵或一味默默地生闷气，长此以往，这会威胁到你的身心健康，影响你正常的思绪，甚至使你整个人走向崩溃。最后，你只有一张自认为双方心照不宣的，其实双方并不知晓的潜合约，你自认为可以：

- 说话不要表露自己真实的意图。
- 承诺了不一定要去履行。
- 不必尊重对方。
- 不聆听对方的诉说。
- 选择与婚姻指导顾问、朋友或者家庭成员咨询探讨，而不与对方进行沟通。
- 不轻易表露自己的情感，学会隐藏自己内心的情感，不让对方马上就能识别出自己的真实情感。
- 互相责怪对方做出一些不体谅自己感受的举动。
- 不花时间陪伴对方。
- 对一切都保持沉默。

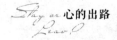

- 爱玩花招，驾驭控制对方。

- 缺乏互相信任。

- 不愿改变自己。

- 双方表面上假扮达成一致。

- 不履行承诺。

不管你选择离去还是留下，如果你想过自己想要的生活，你就要做出改变。因此，你需要一张实实在在的，写得清清楚楚的合约来要求双方履行面对现实的义务（在附录部分，我将描述怎样使合约由隐晦变得清晰）。

你需要不断改变自己并留意对方的反应，做回真实的自己。冷静理性地告诉对方你的想法；你的理解和主张；倾听对方的心声，多与对方沟通自己心中的想法。当矛盾出现时，不要强忍着，事后跟朋友说起来愤愤不平，而是要当场就着手考虑解决办法，并坚持自己的主张。

做真实的自己，并顾及对方

如果决定继续留下，你将要与对方一起努力把这段关系维系好。你们需要把这段感情建立在坦诚、真诚的基础之上。这样，你们双方才能在这段关系中真正自由地做回真实的自己，互补对方的劣势与不足。

如果想与对方建立一段稳定的关系，你需要在以诚相待和理解对方之间找到一个平衡点，将两者完美地糅合在一起。这意味着用以下四种原则指导你的行为表现：

1. 尊重对方：不要把对方看作生来就是与你作对的，别把对方的付出看作是对你的抹杀。比如说，你要求对方保持屋内整洁卫生，自己却对清理房间漠不关心。因此，不要阻止对方收拾房间，实际上，房间的整洁对你来说的确至关重要。

2. 为对方着想：不要以自我为中心，不要为了实现自己的意愿而不惜以牺牲别人的意愿作为代价。你有责任倾听对方的

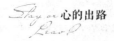

心声，并做不伤害对方的决定。比如，不要每天在外和朋友花天酒地直至深夜还不归家，留下对方独自一人守着空荡荡的房间，为照顾孩子的起居生活而劳心劳力、任劳任怨。

3. 公平地对待对方：没有人享有特权，能享受特殊对待，除非在特殊情况下。比如，当一个女人正处于怀胎十月的非常时刻，满遭孕育生命的煎熬时，丈夫应该多体谅妻子的辛苦，多迁让妻子。又或者，当丈夫正在为了让全家能过上幸福的生活而不断地奔波劳碌时，妻子就不该过多地计较丈夫夜不归家。

4. 坦诚相待：双方若不能以诚相待将会产生许多令人不快的结果。它会对你们之间的夫妻情感纽带造成巨大压力。可事实有时需要善意的谎言。如对于妻子提出的"我穿这衣服会显得太胖吗"这个问题的回答，如丈夫能立刻哪怕是仓促地回答一句"不显胖"，都会让妻子觉得丈夫很体贴，很顾及自己的感受。有时，你也许会想尽办法给对方传递与事实完全相反的，却是关心体贴和礼貌尊重的话语，以免引起对方的不悦。成熟的人善于说些悦耳的话，让听者心存感激。因此，挑战在于在真诚坦白与礼貌尊重之间找到平衡，但同时也要敏锐地顾及对方的感受。

既真诚地对待对方又顾及对方的感受意味着不随意给对方许下自己实现不了的承诺，不要歪曲事实，不要一再回避对方，不要逃避承担责任，不要以为能以满足你的要求为由不履行尊重对方人格尊严的责任。

如果，双方都能做到在真诚的同时顾及对方的感受，那么你们双方都能在这段关系中找到自己的平衡点，不只你自己感到挽救这段关系还有希望，对方也会有同感，且双方都乐此不疲。那么，这是一件多么令人开心的事情。

但如果，从另一方面来说，你的努力尝试使你们的关系更加不和谐，且比之前更加糟糕的话，那么，你就该体面地离开了。即使你已经尝试了一切办法，努力试着去做对方想要的你，也努力试着去做真实的自己，可都没能给大家带来愉悦，这时，离开或许是更好的出路。

第十二章

跨栏二：担忧也是人生积极、必经的体验

不要被它所屈服

把担忧看作生命的能源

当我们处于冲突中时，我们可能会把自己的处境，对方和自己可以选择的改变看作威胁。

例如，与别人发生争吵，降低我们的生活水平或者与别人划清界限都可能被看作有损自己的形象，有损自尊而让自己心

存不安。当我们把某些东西看作一种威胁时，我们的担忧就会不断加剧，我们就会表现得笨拙或犹豫不决。

因此，你的第二道跨栏是要学会接受担忧，并把它看作是人生一段积极的、必经的体验，是自由人生必不可少的一部分。你不应该屈服于它，你需要把担忧看作一种迹象，一种你将会变得笨拙或犹豫不决的警示标志。你需要审视你的担忧，并充分科学地利用好它，不要把它看作是灾难即将降临的征兆，而应把它看作是生命能量之源。正如思想家克尔凯郭尔所说的：

担忧是一种体验，一种每个人都必须经历的体验——为了永生，我们该学会担忧，不该不去体验担忧或屈服于担忧。

懂得科学合理地担忧的人，才真正明白担忧的真谛。下面我将给你们展示我应对挑战的技巧，这将帮助你们很好地预测和利用好人生不可回避的忧患，让你们学会科学合理地担忧。你可能在想："贝弗利你已说过，我没有别的选择。如果我迈出这跨越性的一步，就只有承担担忧的压力。可如果我不迈出这一步，留下的只有愧疚。所以，我身不由己。"

我将给你们展示你能怎么选择、你的感觉如何以及该如何调整好自己的情绪。

把担忧看作问题而不是威胁

当我们感觉遇到威胁时，我们的神经系统就会给血液分泌出过多的肾上腺素。这时，我们就会发生呼吸短促、脸部发烫、心跳加速、满头大汗、口舌干燥、肌肉紧张等症状。这些都是担忧过度和压力过大的反应。当你将要在大庭广众之下公开发言，将要进行工作面试，或与一群陌生人打交道时，就会出现这些症状。

面对危机时，这个自动反应系统会调动起身体来与之"对抗"或"逃避"。简单来说，呼吸短促给血液输送了氧气。此时，心跳加快加速了肌肉的紧张运动，以对抗威胁或逃离威胁。

当我们还处于远古时代，面对猛兽，我们在试图与之决斗以俘获丰盛的午餐还是赶紧逃命要紧之间选择时，担忧作为一种反应，它有效地发挥着作用。但到了现代，我们过多地把一切事物都看作威胁，其实，这些只是等待解决的问题。

• 告诉父母今年圣诞节不想回家是一种威胁还是一个需要解决的问题？

• 搬到一间更小的房间是一种威胁还是一个需要解决的问题？

• 让你的小孩进入一所新的学校就读是一种威胁还是一个需要解决的问题？

• 把你的财产进行分割是一种威胁还是一个需要解决的问题？

• 与父母的习惯和态度抗争是一种威胁还是一个需要解决的问题？

在问题面前选择落荒而逃的反应（如退缩、放弃、屈服、平稳过渡、同意、避免、适应、重新调整自己），或对抗的反应（如粗暴地大声怒吼、讲话过多、大力地关上房门、大吼大叫、蔑视对方、猛烈攻击对方、大发脾气乱扔东西）表明你从未解决问题，不是吗？

当你走进家门，发现你的伴侣正背对着你咄咄逼人地跟你打招呼，你可能会感到这是争吵即将发生的前奏。此时，你不问因由，径直走进卧室，拿起报纸，希望紧张的气氛会自己慢慢平息下来。但这可能吗？不可能的。采取逃避的态度只能使问题更加糟糕或拖延问题的解决，而问题终究得不到解决。

相类似，如果伴侣的粗暴态度令你的心跳加速而使你与之对抗，你依然解决不了潜在的问题，因为不管是对抗还是逃避，事实从未被揭开。

选择你看问题的方式

正确对待担忧的第一步就是控制心跳加快的反应，以及其他所有的伴随着你抗争或逃避反应的身体变化。不要再责怪你的伴侣或自己面临的处境，你必须承认，既不是你的伴侣，也不是你的处境给了你巨大的压力，或让你因此而有什么特别的感觉。

我们不禁会猜想，面对交通拥堵的马路，我们都会觉得恼火，难以专心驾驶。听音乐让我们发泄内心忧伤的情感，放声痛哭。伴侣的懒惰态度让我们感到很受挫，使我们絮絮叨叨，抱怨不断。我们预想的情境会引起我们的感觉，让我们做出相应的行为反应：

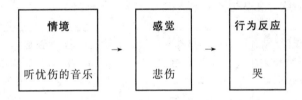

情境		感觉		行为反应
听忧伤的音乐	→	悲伤	→	哭

我们用你勇敢迈出跨越困境的一步，退出你与伴侣的这段关系为例来说明。你可能会说，离开的不确定因素让你感到担忧，这致使你犹豫不决，摇摆不定。但是否每个在思考要不要迈出这跨越性的一步，退出这段关系的人都感到很担忧，并因此而犹豫不决？答案必然是否定的，因为有些人最后的确是退出了这段关系，转身离开了。

有些人为能脱离一段痛苦的关系，不再受到它的滋扰而感

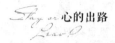

到很兴奋。有些人当一想到能结束痛苦的现状，有机会重新开始便觉得如释重负。还有些人一想到离开就很喜悦，因为他们相信这对每个置身其中的人来说都是好事。

在下面的例子中，四个人有四种不同的感觉，对同一种情境也具有不同的行为反应。因此，可以看出，情境本身不是引起人们感觉和行为的根本原因。

情形		感觉		行为反应
面对离开会带来的不确定因素	→	1. 担忧 2. 兴奋 3. 舒畅 4. 快乐	→	1. 留下来继续犹豫不决 2. 离开，去发掘更多更美好的东西 3. 离开继续前行 4. 离开对方但仍保持联系

导致我们感觉产生的原因在于我们思考现状的方式及方法——我们打算怎样看待现状、我们对现状的解读以及对现状抱有的期待。精神病学家弗兰克尔在纳粹集中营写的一篇自我反思日志中这样写道：

在集中营活生生的实验室里，我们的同伴有好些像畜生般令人讨厌，有些像圣人般善良、仁爱、有耐性。每个人都有这相反的两面，他自己属于哪一面取决于他的决定而非客观条件。

你的感觉和后续行为反应的方式根本取决于你考虑决定的方式，而非现状客观因素。如果你想控制住自己的担忧，那么你需要改变看待事物的方式，必须停止把一切存在的问题都看作威胁。

选择你的感觉

为了进一步说明，下面的图表将告诉你四种考虑如何迈出这跨越性一步的方法。每一种思考的方法都可能导致四种不同感觉中的一种。反过来，这也将可能导致发生刚才描述过的四种潜在行为中的一种。你对自己说过什么让自己感到担忧？试着从另一角度去看待事情，看看这对你的感觉能产生什么影响及作用。

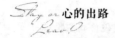

现状	想法
迈出跨越性的一步：决定离开，并勇于面对离开所引起的一切不确定的因素 →	1. 谁知道在事情的反面将会是什么，我担心会犯下大错 2. 太好了！我终于自由了。我可以随心所欲做自己想做的事情 3. 终于，我得到了解脱，以后一切都会好的 4. 这对每个人来说都是最好的选择，我们将一起努力让它发挥作用

要么改变情形，要么你换个角度看待它

你需要在改变现状和改变自己看待问题的角度之间做出一个选择。身陷困境不能自拔是没有意义的，继续将其看作一种压力、恐惧或不如意也于事无补，那只是在浪费你的精力。

你可以选择继续留在原地，但要以另一种方式看待它，并仍然保持客观真实的态度。保持客观的态度，面对现实并不一定意味着要改变你的现状。

一个男人，在他被开导前，他每天一大早就起床在田间耕作，耕作后回家吃晚饭，上床睡觉休息，与妻子同床共眠。但一旦他被开导，受到启发后，他仍旧每天早上早起在田间耕作一整天，耕作后依旧回家吃晚饭，饭后上床休息，与爱人同床共眠。

斯蒂芬妮不断想着是否应该离开她的爱人西蒙，因为她发现丈夫西蒙很自私，夜夜都泡在夜总会里，夜不归家，只剩下自己一人独守空房，独自忧伤。

斯蒂芬妮很想改变西蒙的这种行为，可她无能为力。不管她做什么，都觉得自己无路可退。除了继续困在这段不开心的关系中，她别无他法。她很想离开，却被双方共同的义务责任束缚着无法挣脱。然而，一次她突然意识到，自己其实是在作茧自缚。事实上，她随时可以自主选择留下还是离开她的伴侣。但她很清楚，自己深爱着丈夫。

斯蒂芬妮选择继续保留这段显然不可改变的关系，但她却改变了自己面对这段关系的心态，以轻松平常的心态来面对现

状。原原本本接受西蒙这个人的全部以及他吸引她的独特之处。

如果你知道自己其实完全可以自主选择离开或者改变，但却仍有意识地选择留下来，而不为改变做任何的努力，这样你将不再感到担忧。这正如那个在被开导前或被开导后仍在田间耕作的男人一样。虽然表面上看，你的生活没有发生任何改变，但其实，你的心态发生了改变。因为你现在其实是可以自主选择离去的，只是你自己没有做出此选择，你应该为自己造成的现状承担最大的责任。

没有人能阻碍你的决定

因此，当你在思考是否要迈出这跨越性的一步时，你就该从多个方面、多个角度来考虑这个问题，你对自己感觉的辨认以及后续的行为反映了你的那些感受。

为自己的恐惧与犹豫不决、迟疑不断负起责任，学会正确适当地忧虑，你必须首先接受你的感觉是由自己思想的内部因素引起的，而不是由外部因素引起的这个事实。斯多葛派哲学家爱比克泰德在公元 100 年曾说过：

真正困扰人们的不是客观事物，而是人们自己的主观思想本身。没有人能阻碍你的决定。不管别人怎么说，怎么想，怎么做，你的决定来源于自己的内心，感觉来源于你自己如何看待它，如何理解它，如何解读它。如果朋友暗示说你的决定不明智，你大可去嘲笑他的幼稚愚蠢，大声哭诉，因为你重视他对你的看法。你可以漠不关心地耸耸肩，因为他的意见对你来说毫无意义，或者可以简单地认为这是有趣的一点意见。这会帮助你让头脑依旧保持清晰冷静，更好地共同解决你们之间的问题。

在 1995 年的电影《黑道当家》(Get Shorty) 中，演员约翰·特拉沃尔塔在与拍档蕾妮·罗素进行完一场搏斗戏后被问："你害怕吗?"他回答道："害怕。""你看起来不像害怕的样子。"她问了一句，他又说："现在不害怕了，只是刚才很害怕。你想我害怕多久呢?"他意识到他可以选择把握自己的感觉以及把握感觉持续的时间，因为他的感觉只是反映他的想法。

面对挑战的技巧

面对不如意的现状、不满、争斗或者难以应对的人，不要担忧、责怪、发怒或压抑。相反，你该用勇气和怀着怜悯之心去应对生活的挑战。以下是四条你可以遵循的技巧。例如，如果有人对你的意见有异议，你可以：

1. 把生理变化看作一种迹象：使用肾上腺引起的反应变化，把它看作你将要缺乏技巧地逃脱或抗争的一种迹象（我感觉喉咙疼痛得厉害，你也许感到胃上有一个结，脖子红了一大片，手心直冒汗等）。想想放松这个词，放松紧绷的肩膀和颈部肌肉。然后，改变你消极的自我言论，对自己说四次："这只是一个有趣的方面。"（这将持续长达 8 秒钟）而那个挑衅者还在说。这将使你能够：

2. 改变看待挑衅者的方式：告诉自己，他们本质都是好的，你只是不喜欢他们说的话、说话的方式及行为。请记住：很多人不管自己如何表现都仍不满意，因此，我们应该适应别人，常怀一颗怜悯之心。

3. 改变你看待挑衅的方式：告诉自己，这不是事关某个人的问题，这只是其中有趣的一方面。我的心跳丝毫不需要加快。他也许100％是正确的或者我100％是正确的。我们以50/50开始，一起讨论看看。

4. 通过问问题来解决问题：如果你宣布自己的观点，这会让你的观点听起来带有攻击性，因为你可能会轻视其他人的观点。你也许会觉得又到了是要选择抗争还是退缩逃避的时候了。不要这么想，你应该对自己说："那很有意思。你为什么那么说呢?"这么说会让对方容易接纳你，因为这听起来像你将要刨根问底，细心聆听对方的意见，而不是要与对方抗争。这也让你在别人回答问题时，有更多的时间去冷静。请记住：这不是一种操纵别人的微妙方法——你不需要赢!

你需要练习并实践这些技巧，跟你学开车或打高尔夫球的道理一样。但当你练习这些技巧时，你会发现在不知不觉中你开始遵循面对挑战的技巧，就像你开车时一样。

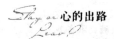

如果你把担忧看作是迈出跨越性一步不可摆脱的一种情感，那么你该学着如何控制自己的情绪与爱挑衅的人打交道，并学着应对不同的情形。你很快就会发现自己的担忧是正确且必要的，这有助于你灵活成功地迈出这跨越性的一步。

爱冒险的企业家和其他人的区别在于，正如第三章中提到的艾玛德所说："前者把迈出这跨越性的一步与犯错误看作是学习经验的积累，是面对真实的自己做真正的自我的一种表现——让自己成为别人更好的合作者的一种表现。"你也一样。

自我反思

这里有几个问题，请你用1—2个词来确切地描述自己的情感。重点集中在你对别人或现状感觉如何。

1. 当有人过于依赖我时，我觉得

2. 当有人向我发脾气时，我觉得

3. 当有人让我出洋相时，我觉得

4. 当我没想要离开时，我觉得

5. 当我没想要留下时，我觉得

现在试着从反面的角度来回答这些问题。如果想对相同的情境有不同的感觉，你自己需要做出什么改变？因此，可以再次审视自己，是什么东西或者什么人令你感到无能为力、悲观压抑、身陷其中、自视过轻、忧心忡忡?!

第十三章

跨栏三：使自己仅有的一次生命过得有意义

不要给人生留下任何遗憾

不要表现得像只纠结的猴子

　　有些病人说："很感谢你能告诉我需要改变我的悲观消极的想法，但我控制不了自己。老被一些悲观厌世的情绪困扰着，半夜自己被惊醒。我在入睡时，脑海里一遍又一遍地想着那些问题，白天也被这些问题困扰着。有时，甚至在开车时脑海里也不断地想着这些问题，有时入神得竟开过了出口都懵然不知。"

佛教大师及作家马修·李卡德（1946 年生，出身法国上流家庭，于巴黎巴斯特学院毕业，在诺贝尔奖得主方斯华·贾克柏的指导下，于 1972 年获得生物博士学位）将人类躁动的思想与被绳索捆绑着的猴子的思绪做了个对比。猴子越是挣扎，追求自由，它就越被紧紧地缠绕捆绑着，无法挣脱绳索的束缚。

也许你会同情这只猴子，你越想挣脱思想的束缚，你就越会被它困扰着，活在它的阴影之下。你需要的是平复你躁动思想的技巧，学会从不同的角度看待问题。只有这样，你才能理智地做出决定，才能保证你跨越第三道跨栏障碍，使自己特有且仅有的一次生命活得有意义，而不会抱憾终生。

如果你想消除胡思乱想、杞人忧天的疑虑，就需要学习如何"在此时此刻好好活着"。这句话也许你之前已听说过，可是明白它的真正含义吗？我们中许多人应该对以下这种情形很熟悉，这正能很好地说明这个问题。

试想你的伴侣在和你一起参加你的朋友发起的一次烤肉聚

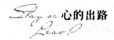

餐中，因为和你的朋友们相处不来，让你在朋友面前有失面子。你在开车回家的一路上都咬牙切齿、备受挫折和备感气愤，禁不住在想："他怎么能那样跟我说话。我该用更重的语气驳回他。"在回家的路上，你越想越气愤，冲过了四个红绿灯，自己还不知道。一会儿过后，你坐下来与对方一起吃晚饭，吃饭时两人沉默，一言不发。你吃得飞快，因为你一直在想："他不该那样跟我说话。我为什么让他就这样离开了？下次叫我怎么面对我的朋友们？"你越来越想不通，坐在电视机前，却无心看电视。因为与对方争吵的场景一次又一次地在你眼前浮现，愤愤不平的思绪在你的脑海中一次又一次地闪现，你陷入了极度烦躁之中。

最后，你索性爬上床。当你的伴侣坐在床前想要翻看书籍时，你拿起平时打开的一本书读着，可你根本静不下心来看书。看来看去都在看相同的一段，反复看了四遍还不知道它在说什么。于是，你索性放下书，见对方入睡了，最后你也跟着入睡。可你打了个盹，半夜就又醒来了，辗转难眠，心扑通扑通跳得厉害。又一次，你叩问自己："我怎么就不懂以他相同的口吻驳回他？我完全不需要对他容忍。下次一定不会这样了。"

活在当下

到底是什么令你如此担忧？当时在卧室里有什么东西激怒你了吗？是鼾声如雷的伴侣还是天花板？都不是。实际上，此时此地什么都没发生过，没有任何东西令你担忧。一切担忧只是你自己胡思乱想。你老想着明日该如何解决和面对昨日的争吵。因此，我对你担忧的定义以及如何克服焦虑的方法如下：

焦虑是对明日的排练，对昨日的重现。人应该活在当下，活在此时此地。

你需要一种帮助你活在当下的方法，这既可以是凌晨三点做点有意义的事，比如列一张行动清单写下要去做的事情，也可以是回到床上睡觉。否则，你一味胡思乱想，只会让你筋疲力尽，把你用于解决问题的精力消耗殆尽。如果你要克服焦虑，那么你需要学会控制自己的思想。

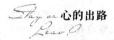

不要活在一个虚无缥缈的梦幻世界里

一个人如果总是活在自己幻想的小世界里，成年累月地使自己为过去曾经发生过的事情愤愤不平，为将来的计划担惊受怕，忧心忡忡，这样导致的结果只会是：担心将永无止境。因为，过去和将来是永无止境的旋涡，令人难以自拔。

莉斯在她工作时，不断地担忧她的婚姻及其对孩子的影响；当她和孩子一起在家时，又不断地担心她的工作。她的这种担忧并没有给她的工作、婚姻或者孩子带来益处。

通过学习活在当下，使用我以下描述的方法，让她无论是在家陪伴孩子或伴侣，还是在公司工作时都能百般专注，绝不分心。这让大家都受益匪浅。

活在当下能帮助你抓住自己消极的想法，将其变成更加有意义、更积极、更乐观、更励志的想法。你会因此而变得更加开明、坦诚和果断。这将有利于激励你采取积极的行动。

　　要想活在当下，就要把经历看作是由以下三种意识构成的，这是有帮助的：

　　1. 内部现实是一种身体内部当即的体验。你可能会说："我能感觉到我的嘴唇干了，我的胳膊倚靠在桌上，后边的膝盖有轻微的疼痛。"这些都是你自己当即的体验和感受，这是毫无异议的。

　　2. 外部现实由当即的外部世界构成。你可能会说："我可以看见一束红玫瑰。我能看见窗和树木在动。"外部现实与你的经历有关，这是不言而喻的。如果你说："树木在风中摇曳。"那这就是幻想了（第三种意识）。也许树木在摇曳是因为邻家的两个男孩在爬树，或者是邻居在摇树摘苹果所致。

　　3. 幻想由解读、假设和观点组成。你可能会说："我看见我的伴侣在电脑旁。她双眉紧锁。"如果你再加上一句："她看起来心事重重。"那就是你的幻想了。她也许只是在全神贯注。由此看出，幻想是一种对周围世界的假设、猜想以及解读。它们是跨越内部和外部世界之外的想法。

幻想是使生活愉悦重要的一部分。它是艺术和文学创作的基础。幻想可以是轻松的，你在欢快地回忆与伴侣一起开心的日子时，或回忆一段令人流连忘返、回味无穷的愉快假期时，你都会感到轻松快乐。我们也可以利用幻想来做计划：不管是选择为了买一套宽敞的别墅而拼命努力工作，还是选择住公寓，以留有更多的金钱和时间供自己消遣；又或者对待这段婚姻是该去还是留。

幻想也许带有破坏性。因为幻想常是灾难性的——对最坏可能结果的预示——我们趋向于用抗争还是逃脱来回应。比如说，你的伴侣忘记了结婚纪念日。你立刻就会把这理解为这表明他不再像过去一样重视你、在乎你。为此，你忐忑不安了一整天，越发感到悲观泄气，义愤填膺。可让你万万没想到，他在你最喜爱的餐厅给你安排了一顿美味的晚餐，饭后还跟你去听了一场你期待已久的音乐会。

成果丰硕的幻想与灾难不断的幻想的区别在于：对于前者，人们花大力气，根据预示采取行动；而对于后者，人们只知道独自生闷气。如果你不根据预示采取行动，幻想就只是对你精力的一种浪费。

活在当下

活在当下意味着通过内部和外部现实有意识地驱逐掉带有破坏性的幻想预示。安在讲述着她在排队等待购买去学校接孩子的火车票时如何成功地使用这个方法。

在她面前有十个人。她站在原地排队五分钟后都不见队伍前进，她开始想，靠窗口的那个男人正在写回忆录，而不是在填写买车票的支票。出于担忧（幻想）迟到对孩子的影响不好，以及自己作为家长会给老师留下不好印象的考虑，她的心跳开始加速，手心开始冒汗。她幻想着自己抓住那个男人，揪着他的脖颈，把他从窗口拉出来，对他大声吆喝，让他站到一旁让自己先买票。

安发现自己很气愤，她问自己是否真的打算这样去做，她

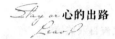

要去实现她的幻想吗？答案当然是否定的。这时候，她对自己说："好吧，如果我什么都不做，也许就能感觉轻松点。现在就回到现实中来，活在当下，不再幻想着如果我迟到，我的女儿会怎么想，老师会怎么说。我能做得最好的事情就是保存我的精力，不要担心。"

她感到自己深呼吸了一口气，正在一点一点地放松。她不再幻想过去或未来，而是用尽自己的精力，根据自己的现状考虑可行之路，去做一个理智的决定。

继续研究安的故事：她买了票，赶上火车，顺利接到了孩子。她到达的时候，心情很轻松，整个人都充满能量——她愉快地向她的女儿招手，匆匆给她买了冰激凌。虽然安可能晚到了一会儿，但她到的时候是疲惫烦躁还是精力充沛——这完全取决于她自己。

没有什么大不了

下次当你在懊恼该继续还是离开这段关系时，请记住，担忧过去或未来完全是徒劳的。认清现实是一种提醒自己没有什么大不了的方法。

在整件事中——在世界和宇宙中——我们每一个人只是一粒尘埃。

当你的婚姻出现问题时，只有活在当下才能使问题得到解决。你不该逃避、担忧或生气，你该更理性、更满意地解决问题，不该让自己被它所深深拖累。

可以这样问自己："有什么我能做的吗？如果有，那就做吧。如果没有，不要浪费精力，专注于内部和外部现实。"当你的幻想长驱直入你的意识时，用它"没有什么大不了"来填充你的意识。此时，你会发现自己深呼吸了一口气。这是因为，通过摒除自己消极的想法，你不再把现状看作一种威胁。你不再由于纠结于逃避还是抗争而引起的诸如呼吸短促等的心理变化，而是开始放松身心。

告诉人们不要再担忧于事无补，但让他们面对内部和外部现实却有帮助。如果你每天都能活在内部和外部的现实世界里，

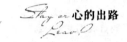

你便会开始发现自己在一辆车中幻想，洗澡时幻想，做个人陈述时幻想，趴在桌上幻想，在等飞机时幻想。你会开始选择到底是要根据幻想采取行动，还是停止浪费精力。

通过练习活在现实中来控制你的思想，并把它当作每天必做的事情。为了提醒自己这么做，请分别在你的镜子上、水壶上和垃圾箱上粘上一个红点。

刮胡子、刷牙、烧水、倒垃圾，是你每天必做的事情。当你在做这些日常琐事时，你禁不住会走神，开始产生担忧过去或将来的想法。那些红点帮助你提醒自己要活在当下。赶紧在现实生活中做一些实实在在的事情，以便控制自己的忧虑情绪。

从那只纠结的猴子身上可以看到，越是企图挣脱某种思想情绪，你就越会深陷其中。活在当下，能让你有一个更加清晰和现实的思路，做一次对人生有意义的明智抉择。活在当下对你的婚姻关系来说很有帮助。

第十四章

跨栏四：对现实承担起自己应负的责任

不要把一切归咎于他人

增强你的意志力

你也许会想："好吧，我现在已经学会了控制自己的思绪，我也做了一个自己真正想要的决定。那么，为什么我还是自认为没有做好为过上有意义的生活而冒险一次，迈出这跨越性一步的准备呢？"

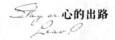

原因仅仅是取决于我们想要的东西。在这种情况下，无论你选择留下还是离开——都不会采取正确的行动。你仍需要跨越第四道跨栏，学会如何为现状承担起自己应尽的责任，而不是一味地把一切归咎于别人。

过去，你也许曾经决定要减肥，并立志决意如此，然而你却忍不住继续吃巧克力和其他高脂肪的食品。你也许曾经决定要戒烟，也下定决心要戒掉烟瘾，可你还是忍受不住烟瘾发作，偶尔总要偷偷地抽上几根。正如哲学家亚拉伯罕·欧文所说：

当一个人想要得到一件东西时，他所有的一切行为都将不足以帮助他得到那件东西。当然，心头所好可能会影响我们的行为，但是，当我们要做出一个艰难的决定时，我们往往发现自己的意志不够坚定，导致我们最终失败。

我曾与很多我的病人合作过，他们不止一次地答应过我，这周他们会为改善双方的关系而有所行动。然而，在接下来的一周里，他们最终却纷纷为自己找到了千万个做不到的理由。

每每此时，我对心理治疗师欧文·亚隆的描述深有体会。

他发现病人的意志很难动摇。因此，最后他们会为自己心头所好而做出改变：

我有时想到了人的意志力，这个该对人负全责的驱动器。它如同被封闭起来的涡轮机，外面被无数层笨重的金属包裹着。我知道涡轮机重要的动力零部件都被深深地禁锢在机器的内部。出于好奇，我环绕着它走了一圈。我试着企图从远距离改变它，可我尝试遍了所有我认为可行的办法，如推撞、捅戳、轻敲、咒骂等，结果都于事无补。这些办法都需要极大的耐性和坚定的信念。

也许你发现自己正如亚隆描述的那样，每次你和朋友们都因为自己的意志不坚定而被阻碍。亚隆接着说：

对于增强意志我们更加需要可取、理性的方法。

一个比较可取的增强自我意志力的办法，就是懂得怎样运用自身内部抗拒的力量来阻挡行动。当你责备别人导致你现在这般被困扰时，在很多情况下，这都应该归罪于你自身内部的问题。把无意识的争吵变为有意识的行动，并不断地与无意识抗

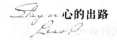

争，这会使你的意志力得到释放，让你坚持自己的选择，继续
过好自己的生活。

注意无意义的争吵

最常见的一种内部抗拒力量来自于谨慎的你自己，这一点
你必须非常注意。由于谨慎的你经常在与那个自信的你抗争，
所以你经常因此而受到损伤。但是，你自信的一面和多虑的一
面又是怎样的呢？

自信的你认为在生活中自己无所不能。你自信的这一面是
积极向上的，鼓舞人心的，开拓创新的，敢于冒险的。例如，
当你决定要结束一段婚姻时，自信的你会说：

· 我未来的生活充满许多变数。我将很容易就找到另一个
更好的人。

· 离开能让我继续追求自己的理想。生活中，我一个人无
所不能。如果现在不选择离开去追求自己的理想，以后都不会

再有机会。

· 我必须为自己做正确的该做的事情，而不该只为别人做。其他人不会因为顾虑到我会不快乐，或浪费我的生活而不同意我的决定。不管怎样，最终该来的还是会来。

你的自信、积极向上、振奋人心，造就了生机勃勃的你。

然而，多虑的你常用消极悲观的话语来搪塞自己。多虑的你是犹豫不决的，懦弱无力的，愧疚万分的，你会常说：

· 等一下再说吧，万一我失败了，别人会怎么看我呢？

· 我没有了伴侣，大家都会认为我无足轻重，不名一文。

· 如果我不能再找到合适的另一半，我该怎么办？

· 我害怕。害怕一个人面对一切，面对理财、孩子、操持家务、衣食住行，我还是继续凑合，默默忍受，得过且过算了。

当你选择继续留下时，自信的你会说：

· 我可以改变这种局面。我只需做一些小的改变。

· 我实在是很爱对方。我很难做到忘记不愉快的事情，记住开心的事情。

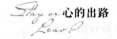

　　•只要我们的问题能得到解决，我们就能比以前更融洽地在一起。

　　多虑的你低声说：

　　•想改变现状是没什么指望了。不管我做什么，一切都不会有任何改变。没有人会比我更用心更努力地做出尝试。

　　•我现在不能改变这种局面，这只会使大家都受到困扰。

　　•我的伴侣一心只想控制我。我无法再抗争了，投降屈服算了。

　　这是你自身内部的抗争：自信的你和多虑的你在不断较量，相持不下。

　　你在想恢复"自由"（并相信只要用心就能独自处理好一切，只是现在准备尚欠佳），还是选择继续留在原地不动之间徘徊犹豫，摇摆不定。这就是你遭遇自信缺失危机的时刻，变得犹豫不决，不能坚定自己的决心。

　　但是，如果你的婚姻问题的确到了必须改变的地步，你仍然维持现状，继续苟延残喘，与对方勉强凑合过下去，后果可

能更糟糕。与对方勉强地凑合让你活得更加痛苦，因为你不知
道该怎么缓解这种僵局。

抛弃多虑的你

如果你留意观察，你会发现并拥有你自身内部的两个声
音——内部反对的声音和驱使你采取行动的意念——你就会发
现它们之间的争斗消除了。你会发现自己的行动更平衡、决心
更坚定和更有自信。

为了这么做，你让自信的自己与多虑的自己进行书面对话。
让自信的你从以下这句话开始，"以下这件事让我很悔恨……"
当自信的你陈述完后，多虑的你开始回应。这个对话不断持续，
直到最后有一个定论才停止。

另一种体验这种经历的方法是坐在一把椅子上，对面再放
一把空椅子。首先，做自信的你，并让自信的你与多虑的你进
行对话，假设多虑的你就坐在对面的空椅子上。完成后，站起

身，坐在对面多虑的你的空椅子上，想象着多虑的你正在回应自信的你。继续交替轮换着坐这两把椅子，直到你感到自己两面性的抗争已经停止。

我知道这种做法听起来很愚蠢，但我的病人使用这种方法后不久就会发现很受启发，接着许多人纷纷仿效他们。像他们一样，你很快就能将自己极端的两种想法很好地糅合起来，整合出一个一致的理解，明白自己真正想要的东西以及怎样去获得它。

第十五章

跨栏五：请记住，你一直都有别的选择

你并不像自己想象般走投无路

改头换面，重新开始

我说服你了吗？"不，你错了，我无法选择去应对自己生活中的挑战，它们太可怕了，压力太大了。我不能处理好与伴侣、父母和孩子之间的纷争与冲突。"

也许你会说：我担心的不是让别人痛苦。我担心的是将来

该怎么办。我不能继续留下,这样我可以:

- 深夜去酒吧会见朋友。

- 放弃我的爱人。

- 买最新款的饰品。

- 我相信伴侣不会浪费我的青春,相信他会实现自己的承诺。

也许你还会说,我不能离开,因为我将面临以下这些难以独自应对的问题:

- 独自面对抵押还款。

- 四处致电以寻求一份工作。

- 迈出做自己梦寐以求的事情的第一步。

- 勇敢面对离开孩子后,要在一个全新的陌生的环境中学习的事实。

- 在一个不太如意的小区中生活。

- 面对律师,开始办理离婚的法律程序。

- 告诉我的孩子,他们不再生活在一个大家庭里。

- 独自出席各种聚餐。

- 独自承担起赡养单亲父/母亲的责任，独自抚养孩子。

为了帮助你跨过第五道跨栏，我给你做以下提醒：你一直都有别的选择。你不是如自己想象的那般走投无路，下面所说的办法对你来说也许有用。我将给你做个介绍，告诉你我是怎么教导我的那些犹豫不决、迟疑不断的病人。他们被困于自己沉闷的日常生活和诸多的责任义务中，我对他们说：

"在生活中，你无所不能。你甚至可以改头换面，隐姓埋名，搬到远至加州的别处居住。"我的病人的回答是可以预见的。他们说了诸如"我不能就这样离开了，我放不下我的伴侣和孩子"之类的话。

"那好吧，你可以继续照顾你的孩子，但离开你的伴侣。"我说。他们听了我这么说之后，脸色突变，满脸恐惧，回答道："我不能那么做，我做不到只照顾孩子而抛弃伴侣。"

我告诉他们："你可以的。人是无所不能的，不是吗？"你应该试着对自己说"我不会"，而不是"我不能"。在坚持了一阵后，

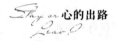

他们试着对自己说："我不会只照顾我的孩子，而抛下我的伴侣不管。"

我的病人们终于开始意识到，他们自己的命运由他们自己主宰，他们自己的生活由他们自己做主，这是多么令人欣慰的结局啊！他们所遵循的价值观迫使他们去做即便他们不愿意去做的事情。没有人逼迫他们去抚养家庭，但他们却选择了这样做，这是出于他们自己内心的意愿。

正如贝诺特著作中的主人公一样，他相信自己是一个被囚禁在监狱里的囚犯（见第六章）。一旦我的病人们在黑暗的生活中放弃了那仅有的一丝希望的曙光，转过身后，他们最后就会明白：所谓的监狱其实是自己把自己禁锢住了。实际上，监狱的门一直开着。他们随时都可以离开，只要他们愿意这样选择，改头换面，重新生活。其实他们一直都是自由的，不管是现在、过去，还是将来。

意识到这一点后，很多人选择继续留下来。突然找到了一种新的自由感，他们决定更加真切地留下来，挑战并影响那些影响他们自身的家庭的决定，不再逃之夭夭，置身事外。换句话说，勇敢地面对现实，做心中真实的自己。

同样，如果他们决定离开，他们必须要学会把"不能"换作"不会"。我"不会"一个人面对抵押还款；我"不会"住在一个不如意的小区。——他们发现自己都选择了"不"。事实上，他们都"能"，只是他们不愿意，他们并非如自己想象般走投无路。

不要迷惑自己

你也许还在对自己说，"可是我真的毫无办法，因为我还要养活自己和两个孩子。可我收入微薄，无法支撑。"

可我要说的是："你可以一直生活在大篷车里，在街上吆喝乞讨为生。"

我的回答也许让你恐惧，你会说："我不能那样做！"

现在就试着说："我不会那样做，我不会让我全家都住在大篷车里，天天靠在大街上乞讨为生。"

你完全可以住在大篷车里，并靠乞讨为生。人是无所不能的。你这样说其实是在强调你自己不愿做这样的选择，因为无论是住在大篷车里，还是以乞讨为生都不是你的个人志向，不符合你的价值取向。那好，不要选择住在大篷车里，在街上乞讨。可是除此之外，你能作何选择呢？

• 找一份工作？

• 想办法赚取适当的收入？

• 搬到租金更廉价的房子？

• 找人合住？

• 找地方寄宿？

• 定居国外？

• 找一个新的伴侣？

• 找人借钱？

• 还是继续让自己受尽折磨煎熬，饱受痛苦？

当你在说"我不能"的时候，你其实是在自己迷惑自己。你可以选择继续迷信，身陷自己的鬼话当中，也可以选择使用能帮你跨越这道跨栏的语言。两种选择你必须选择其一。到底要哪种语言，这完全是出于你自己的选择，这样虽然充满变数，但对你的生命却意义重大。

你的选择让你遭遇苦难与痛苦，饱受挫折，倍感不适。当你意识到自己自欺欺人的鬼话应该为自己痛苦的过去和现在负责时，你可以做出改变，增添自己为将来的选择担起责任的勇气和力量。

改变自己

为了帮助你不责备他人，为自己的现状负责任。也为了帮你独自做决定，而不是总在一味地说：

- 我不能做决定。
- 我不能继续留下并改善与对方的关系。
- 我不能独自应对离开后产生的一切问题。

你试着用以下的话语代替以上的话语：

心的出路

- 我不会做决定。

- 我不会继续留下并改善与对方的关系。

- 我不会独自应对离开后产生的一切问题。

你能看到这样做对你自己的感受有什么影响吗？也许曾经你觉得很担忧，可是现在你觉得充满力量，能自主选择，并为自己的选择承担责任。你一直都是自由的，你的生活你做主。

第十六章

跨栏六：树立积极的价值观和生活标准

以自己的方式生活

如果在路上遇到佛陀，杀了他

　　直到现在，你可能还会问："贝弗利，我明白你的意思，可我该怎么做？我该怎么下这个离开还是留下的决定呢？"

　　如果是这样，也许你还在期待会有一个最终的佛陀出现，比如说：我！你在期待我还会马上给你提供一个解决办法，一

个救世主，一种万能药。你还在期待会有一个"专家"给你引路，还在渴望依靠你认为绝对可以信赖的人就能找到一个拯救你脱离困境的解决办法。然而，正如夏侯惇·康普(Sheldon Kopp)引用禅宗说的话：

如果你在路上遇到佛陀，杀了他！

这是在告诫你从自身以外得来的任何一切都是虚假没有意义的，我们生命中唯一有意义的东西是由我们自己给予的。在路上把佛陀消灭了的意思，是不要相信任何一种非来源于我们自身的力量的存在。世上没有任何困难是绝对不可战胜的。"如果你在路上遇到佛陀，杀了他"是你必须时刻铭记于心的。如果你想跨越这第六道跨栏——树立积极的价值观和生活标准，以自己的方式生活。世上没有任何事物是绝对不可逾越的。任何困难都只是相对而言。

请记住那个黄金问题："谁能替你做决定？"(见第七章)——答案就是我们自己，不是吗？世上没有绝对的事物，任何事物都处在发展变化之中。你所能做的就是树立为自己的生命负责的意识，哪怕这会伴随着顾虑和担忧。你所能做的就是行动，评估，再行动。世上没有绝对正确的答案。

你的责任该由你自己承担

你不必一味地按别人的价值取向和道德标准而活着，不必活着只为了实现别人的期待。每个人都有不同的生活态度、价值取向和信仰。因此，别人的期待无所谓对错，这只是属于别人的。对别人来说是对的，对你自己来说未必如此。每个人可接受的生活方式都不一样，每个人都可以独一无二地活着。

大卫和汤玛斯这对情侣为了不惊动父母，一直逃避举办结婚仪式。大卫为了让父母安心，一切都听从父母的意愿，这却让自己心烦意乱，而且也引起了他与伴侣之间的很多争吵，使得双方关系疏远。这让他感到痛苦。我见到他们时，大卫的哮喘病发病次数增加了，病情也加重了，一次比一次严重。更糟糕的是，恶劣的状况对他们关系的维护构成了严重的威胁。

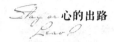

　　当大卫想要当父母眼中听话乖巧的儿子的不理智想法受到挑战质疑后,他开始作更理性的思考。大卫意识到把父母的感受和地位放第一位,而把自己放第二位,这样做不仅使他自己痛苦,同时也让汤玛斯觉得在大卫的心目中她没有大卫的父母重要。只有让大卫拿出勇气面对现实才能解决这个问题。他的父母有不同的价值观、态度和信仰,这当然无可厚非。但大卫必须以他自己的方式生活,只有这样,他的一生才不会在遗憾中度过。

　　大卫和汤玛斯可以选择改变现状,继续维持现阶段的关系,或者选择改变看待问题的方式,接受这段关系将永远不再存在的事实。

　　两者必选其一,除此之外的一切恐惧和痛苦都是无济于事的。最后,他们选择改变现状,举办了结婚仪式,一起面对大卫的父母,这大大增进了他们之间的感情。

　　假如大卫和汤玛斯为了让父母开心而选择服从父母的意愿,不去实现自身的价值,这也许会导致更加痛苦的结局,这段关系也许终以失败告终。

通过面对你不容置疑的设想和质疑他们的有效性，你更加宽容了自己，也让自己更加自由开放，开拓进取地面对生活。

实现自身的价值

现实不是一个必然，但是一个根据我们的信仰、知识、感觉和经验做出选择和解读的过程。你是否曾经看过一部对你影响重大而深远的电影？当你从一次全封闭的，死寂般的沉默的阴影中走出来时，你的伴侣开始向你传递一种他认为是全新的，但你却觉得是陈腐的信息。这不是很让人恼火吗？但谁才是对的？或者，在晚餐聚会上你看到一对明显相处不来的夫妇，然而，当你在回家的路上跟你的伴侣说起这段见闻时，对方完全对你所说的感到困惑，察觉不到暗示你们之间不和谐的预兆。

我们对自己的理解不是来自外部世界，而是来自我们自己对事情的解读。下面的情况缘于心理学家约翰·布兰斯福德与

门迭塔·约翰逊的论断，对自我认知，他们举了以下例子来说明：

一位妇女正在照着镜子给自己化妆。她仔细地检查了自己的着装，并最后把头发梳理整齐。她边吃早餐边读报纸，并与她丈夫商量一家人去哪里度假。接着，她发了几封邮件。当她经过前门时，她记起了儿子老纠缠她要买一台智能手机。更恼人的是，汽车又启动不了了。她从车里走了出来，气冲冲地把车门关上，又去把她的自行车给找了出来。这么折腾了一番，她已经要迟到了，原先的计划被全部打乱。

现在把以上这段重读一遍，用"政治家"这个词来替换"妇女"。然后再在"妇女"前加上"失业的"这个词，这样改动后，你读起来感觉如何？你对她的看法改变了吗？

每个人对同一件事的解读都会不同，这源于我们每个人都有各自不同的偏见、喜好、信仰、过往不同的人生阅历、直觉、知识结构，以及心理认知结构，且这所有的因素都具有当即性与瞬间性。我们对他人的看法、主张和期待能被简单地看作是与我们看待自己相当的设想。

• 有些父母为了孩子而分开，然而有些父母却为了孩子而继续勉强凑合，也有些父母为了孩子努力改善夫妻关系。

• 有些人认为，寻求真爱至高无上，人应该果断地离开不属于自己的另一半去找寻真正属于自己的爱情；但有些人却认为应该对伴侣始终不离不弃，选择将自己真实的情感永远地埋藏在心中，让它成为一个永久的秘密。

答案自然因人而异。没有正确与错误之分。你必须相信自己，听从自己心中的想法。任何置身事外，罔顾自己感受和意愿的做法都是没有意义的。

行动吧！——虽然很糟糕

现在你可以不必担心会"出错"了。积极的行动无须是完美的。一味地等待最好的时机、最完美的方式去离开对方或说出自己心中想要改善双方关系的真实的想法，只会将事情无限期

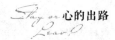 心的出路

耽搁罢了。所以，对于正在拖延行动、等待良机的你们来说，应该谨记切斯特顿说过的一句发人深省的话：

如果一件事值得你去做，那么你就该去做，哪怕做不好，不要再耽搁了。

不管你做何选择——留下还是离开——你总想两全其美，这是不可能达到的。为何不转变你的想法，考虑一下迈出这哪怕是糟糕的却是跨越性的一步呢？

• 告诉伴侣什么事让你心烦意乱。

• 正式向对方提出离婚打算。

• 拿起电话疯狂地四处找工作。

• 困难地自谋生计。

感到压力小点了吗？一味在心中计划不如早日开始行动。不仅如此，你还让自己卸下了力求完美的重担，你将会感到非常轻松和理智。这样，你将更能抓住适当的时机，告诉对方自己心中所想，温和地向对方提出自己的打算和要求。

做自己的事

你必须要以真诚的态度对待自己，按自己的定义过自己的生活。

你不能自由地表达自己的看法，否定别人的观点，甚至不能自由地把握自己的生活。因为你担心你的决定不被众人接纳。你若想毫无遗憾地实现自我，那么在行动时你需要时刻谨记皮尔斯·弗雷德里克说过的以下这段话：

我做我的事，你做你的。

我来到这世上不是来实现你的期望。正如你生来也不是来实现我的期待一般。

你是你，我是我。

如果有一天，我们找到了彼此，那是美好的。

如果找不到，那也无可厚非。

度过一次圆满完整的人生

你也许会说但愿你能回归到与自己真正信奉尊崇的价值观同在，这样你就可以做回自己了。可是别忘了，虽然你了解自己，知道自己想要什么，但你还是让宝贵的时光匆匆溜走了。现在该是清楚地给自己的价值定位，赋予自己生命意义的时候了。

由于选择从定义上说是评价一样东西优于另一样东西的行为。任何一个瞬间你做下的决定都包含着你对自己生活价值的理解，对自己想要过的生活的渴望：早餐吃什么，每天要多微笑，有多少悲观的情绪，喝多少酒，跟谁一起度过，有多少担心。问自己你现在选择和珍视的究竟是什么。

当被问及一个更重要的问题——找到自己活着的意义与目的时，试着问自己：

· 我希望给子孙后代留下什么？我想要给后世传播关于我

怎样的一生？我想给世人留下一个什么芳名？

• 到老年时，我希望取得哪些成就？好让自己觉得一生硕果累累，意义深远。

• 还有什么我非常珍视却还没有经历或得到完全实现的心愿吗？我还需做何改变以及冒风险以更充分地实现对自己来说最意义深远的价值观？

• 如果我能自由选择去做自己真正想做的事情，我将会选择度过怎样的人生？

根据以上这些问题，请写下为了成就有意义的人生和实现自己的人生目标，你需要努力完成的事情。

假设你只剩下 6 个月或者 10 年的生命了，你将如何度过这有限的时间

另一种给自己的价值进行定位的方法是问自己一个问题："如果我只剩下 6 个月的生命，我将如何度过这余下的时光？"

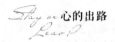

　　好了，现在你对自己的价值和追求十分清楚了吧！可以做决定和行动了吧！如果你选择继续保留这段婚姻关系，也许这个决定很平常，很普遍，与大多数人一样，但你却遵从了自己真实的内心，挑战和改变了一切让自己心烦意乱的事情。你无须再担心与伴侣争吵的无数个永无安宁的夜晚。

　　如果你认为你所追求的理想生活是无法在这段婚姻关系中实现的，那你就该毫不犹豫地挣脱这段关系，回到属于自己的独自的位置上去。当然，上述两种决定其实是听从了自己内心的意愿。无论是哪种都不是一下子就能轻易做出的，因为它们都需要付出巨大的代价，一旦做出选择，你就要为自己的选择负起该负的责任。

　　考虑你将如何度过这仅有的 6 个月生命，有助于你全面地看待和思考问题，找准自己的价值定位，获取为自己而活的勇气，而不是做别人眼中的自己。然而，大部分的人却会对此问题做如此回答："我会选择去旅行。"这个回答不能清楚地表达我们活着的真实意愿。

因此，试着幻想一下，如果你只剩下 10 年的生命，你将如何度过？答案还会是一样的吗？还是会有所不同？不同之处在哪里？为什么会有这种不同？

在全盘规划中，要追求自己所珍视的东西和按自己的标准过自己想要过的生活真的那么困难吗？你真的打算继续犹豫不决，带着自己未实现的心愿过日子吗？打算要以下面的方式处理现状？

· 变得更加怀恨在心和玩世不恭。

· 对未来常抱有虚幻的、不切实际的幻想。

· 一味抱怨命运不公。

还是从现在开始，

· 下定决心采取行动并获取行动的动力。

第十七章

一切在于采取行动抑或自我提高

在这最后一章，我想对本书的核心内容做一个总结。我们已经看到了犹豫不决是如何驾驭操纵你的生活。你不断地在继续留在这段婚姻关系并致力改变现状，或转身离开让自己面对并拥有别的选择中间徘徊犹豫。我们也看到了长期的耽搁让你不断地自我否定，这将对你的生活和工作产生巨大的影响。

任何运用传统的自助方法（如通过建立一个个人的视角，换个角度看待问题；用理性思考解决问题；对可行之策广泛征求意见，集思广益；衡量各种选择的利弊得失）来解决你犹豫不决的尝试最后都被证明失败，还有一些别的办法尝试也没有成功。如从朋友和亲戚中获取建议，从专业咨询机构中获取专业建议，参加自我发展课程以提高自身，以及阅读自学自助教程。

由于大部分的决定都会产生消极的后果，因此，每当你下定决心准备要采取行动时，各种怀疑和犹豫总会充斥你的大脑，占据你的思想，疯狂地侵蚀你本打算行动的灵魂。

我们也清楚地看到了你为了实现两全其美，被两种选择夹在中间，停滞不前但却痛苦万分的自我矛盾。为了尽力避免可能出现的由决策失误带来的如被撕裂般痛苦的消极后果，你宁愿继续沉默不语，迟迟下不了决定。你以为这样会让自己舒服些，结果却恰恰相反。为此，你受尽折磨，日夜都在为自己所做的选择担惊受怕，生怕一不留意就做了一个错误的决定。

无论阻碍你做决定的原因是什么——出于担心让别人失望；把事情搞砸，越弄越糟糕；还是对未知的恐惧——除非你动身前行；否则你将永远不知道对自己来说，什么才是正确的。

该是采取行动或自我提高的时候了，该是直面那些抵制改变的人们的时候了，也该是与未知共存，大胆迎接挑战的时候了。

直面真实的自己

你曾幻想只要一如既往地无动于衷，你就能换取安宁。事实恰恰相反。我们已经窥探到了这种息事宁人的处事方式对你的生活来说，意味着你无须面对纷纷扰扰、哭哭闹闹、委曲求全，以及应对分开所要经历的所有令人不快的离婚法律程序以及财产分割问题。诚然，从短期来看，无动于衷的确让你得到了片刻的安宁。然而，从长期来看，我们也看到了尽力避免让人不悦的场景和行动不能给你带来永久的安宁。

你也许试着说服自己要能承受生活中的不如意。你甚至也深知生活中的坎坎坷坷对你来说并非不无裨益。毕竟，也许一个马马虎虎还算可以的家，一段凑合还可以过的婚姻关系和一份比上不足、比下有余的工作，对于我们来说，才是对生活最现实的期待与追求。我们都应该乐于拥有所拥有的一切，知足常乐。当我们每个人再转身看看身边过得不如我们自己的人时，也许就会觉得"心理平衡"或者"对得起自己"了。

这种想法也许能让人安度数周、数月，甚至在一些情况下能安度数年。但久而久之，就会失去自我，如果这种自我得不到实现的状态持续，自我不满足的症状就会变得更加极端。这类人会开始有酗酒或滥用药物的问题，变得情绪低落和沮丧，或者得重病。

你想要怎样的生活，是否让自己的生活充满意义都取决于你自己。虽然别人的帮助也许是有益的，但终究解决问题的是你。你必须做自己的决定，承担一切后果。

选择自己的人生

我们每个人都可以选择自己现在的生活和未来的人生，不

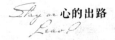

该怨天尤人。我把这个思想用以下三句话做了总结：

1. 我是自由的。

2. 我做决定。

3. 我为自己所做的决定承担责任。

你当然可以自由决定要怎样度过自己的人生。你无可避免地要选择自己生活的方式，对你所有的自主选择都只有你自己负责，承担责任。

这个新的认识让你更加明白：你必须学会抵御怠惰的情绪，摆脱不合理的恐惧，迈出跨越性的一步，采取积极的行动。

很多我的病人一开始都不能接受人生的选择是如此自由开放的这个观点。也许你也一样觉得，对自己的现在和未来都背负着重任。然而，一旦你降临到这个世界，你的存在价值在于你怎样规划人生。用心理学家詹姆斯·科尔曼与汉姆门在《当代心理学和影响行为》中的论述就是：

年轻人，谁大声脱口而出"我可没有要求过要降临到这世上"说明了一个深刻的道理。但这无关紧要。因为不管他是否要求出生，他的生命已经降临了，他就该对自己的一生负责。

- 你可以留下并改善你们的关系。

- 你可以离开并独自应对好离开后的一切，但你不会——你选择了不这样做。

- 你完全可以做决定，只是你不会——你选择了不这样做。

给自己的人生下定义

你的一生一直都不断面临着各种各样的选择，有些至关重要，也有些稍显逊色。抛开那些极其重要的选择，其实，你通过做选择来给自己下定义。

由于你选择了逃避做决定，你变得困惑、徘徊不前、自欺欺人，这些都该归咎于你自己。或者，你也许已变得僵化而不灵活、爱逃避现实、冥顽不灵、气势凌人、被动强势、对任何事物都漠不关心、心情沮丧、情绪低落、对一切绝望、变得主观和不修边幅。

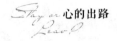心的出路

　　以前的你也许曾责怪他人令你变成今天这副模样，可现在你该明白了，事实上，你自己才是真正做决定的人。正如萨特（法国 20 世纪最重要的哲学家之一，法国无神论存在主义的主要代表人物，优秀的文学家、戏剧家和社会活动家）所说：

　　我的决定我做主，你是谁取决于你的决定。

　　你对采取行动的担忧也许有一些是真实的，可大部分只是你自己臆造出来的。但不管怎样，最终你都会在讲求原则性地最真切地度过自己的生活和得过且过之间做出选择。我期待你能通过读这本书来给自己的人生下定义。从现在开始，你能选择面对现实生活，做真实的自己，真真切切地过日子。

承担自己的责任

　　通过对自己承担责任，你会发现你有可能在人群中出类拔萃、脱颖而出，去实现梦想中的自己。做一个具有合作精神的、富有同情心的、勇气可嘉的、富有爱心的、有个性的、雄心勃

162

勃的、温柔体贴的、有自制力的、真实的和抉择果断的人。

但在想实现与人融洽地合作前，你必须首先选择做一个有高度合作精神的人。在想得到别人的信赖前，你必须选择做一个真诚的人。在勇敢地捍卫自己的权利前，你必须首先要拾得勇气。在果断抉择前，你必须要先发展决断力。

生活的一面其实就是在不断地选择，这也意味着你要为自己所选择的生活方式负责。

做你自己，留下

从现在开始，每次当你决定要听从自己的内心，并计划实施时，你必须停止抱怨，接受现状。因为你知道这是出于自己的选择。你要接受伴侣。你可以选择改变现状或者改变你看待现状的方式，但你不能怨天尤人。

另外，如果你选择留下实现自我，积极致力于改善现状，那你需要迈出这跨越性的一步，敢于提出现实中真实存在的问

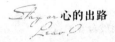

题，阐明你的期待，同意与对方幸福并实在地生活在一起。这些期待小至家务琐事，如谁倒垃圾；大至重要事件，如组建家庭、搬家或者大大地改变你们的生活方式。

　　这些也许会涉及如何通过遵守新的明文规定的合约而富有技巧地平复争吵。这样，你就更能保持客观的态度，并致力于合作解决问题而采取行动。

做你自己，离开

　　如果你感到留下已无法改变一切，无法过上幸福的生活，那么你必须迈出离开的一步来实现自我。要迈出这一步将不再困难，因为你知道在生活中原地不动其实如同前进般冒险和压抑。原地不动是徒劳的，前进却是走向实现自我。

　　做你自己，离开，你需要处理好自己对财政负担、社会责任和情绪稳定的担忧。你可能会为告诉你的伴侣而感到担忧，因为现在你知道改变你的思维模式能改变你后续的感觉和行为，你可以有以下几种选择：

• 选择感到担忧，因为你认为你会给他/她带来痛苦。

• 选择感到气愤，因为你还认为你的伴侣本该能更加努力地致力于改善你们的关系。

• 选择事不关己、漠不关心的态度面对，因为在你看来，改变现状没有一点希望。

• 选择冷静面对，因为你认为自己能应对一切暴风骤雨。

现在我们明白了冒险迈出这跨越性的一步的诀窍，就是把你的生命看作是有限的，短暂得似乎只有 6 个月。因为诸如此类的问题会让你大幅减少自己对事物的重视程度，这种想法能帮助你在开始一次难以启齿的谈话前或做一个不得人心的决定前首先变得坚强起来。

要活得真实——做你自己留下，又或者做你自己离开——这都需要无比的勇气。但如果你仍继续边踩刹车边给发动机加速，那你知道其实你是在将自己撕裂。

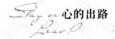

鼓起勇气

请留意你的价值观——这指伴随着你迈出这跨越性一步将要遭受的潜在的痛苦——这能帮助你做决定，并果断行动。

通过获得采取行动的勇气，面对自己承担的责任和全力投身于行动中，你就能找到生活的重心，做你自己。在那无数个为行动而忧心忡忡的黑暗的夜晚，我的感悟来自以下这些文字：

为了成为一颗耀眼的星，

你必须要发出自己的光芒，

走自己的路，

不惧怕黑暗，

因为在黑暗中闪烁的星星是最耀眼的！

初读这首诗，也许你会觉得它有点矫情，但我把它挂在我办公室的墙上。每当我畏惧或感到失望时，我都会去读这首诗。这些文字让我感到我只属于我自己，我是独立的，在黑暗面前必须不畏惧，振作起来，勇敢行动，我注定就是那颗耀眼的星！

"心怀希望就能战胜一切"的神话不存在

我们现在明白了，生活是一个由无数的变数和抱负组成的混合体。没有谁比你自己更加真实。世上不存在任何完美无缺的解决办法，你必须自谋出路，定义自己的生活。那需要时间、精力，需要付出努力、勇气和决心。但除非你认同这一点，并为解决生活中的个人问题而做好准备，否则一切都不会有任何改变。

如果你仍抱着有人会给你答案的希望，帮你减轻痛苦或者同意你的请求，那你将会像卡夫卡（奥地利小说家，现代派的奠基人之一）小说中主人公一样，永远都只是在等待。

你必须停止奢望不付出努力和经历痛苦，事情就会好转的念头。你不能再坐在十字路口停滞不前，衡量决定去或留的得失成败，期待着两种选择终会融为一体。

你必须停止迷恋于和别人谈论你的情感，寄望于在某个地

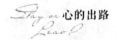

方会有个人为你开启烦恼的枷锁，让你好下决定。

　　你必须停止迷信"心怀希望就能战胜一切"的神话。让我们从今天起就开始行动，而不再只活在希望的幻影中。你要相信，最终是你也只有你自己会使改变发生。最终也只有你能够实现自己活着的价值。

冒着出错的危险

　　由于屈服于自己灾难性的臆测而不去冒险一试让你的生活变得很困苦。作家赫伍德·斐格勒曾说过：

风险是离开可预测的苦难土地的关税。

　　佐伊在她 30 多岁，与伴侣西奥生活了 4 年后，开始对她的情感关系产生了严重的质疑。和伴侣西奥在一起不再是一件乐事，她也不再热衷于社交、去戏院、听音乐会、看电影等活动。他们之间实际上也不再有性生活，他不断抵制她想要个孩子、组建家庭的欲望。

佐伊灾难性地臆测离开西奥也许会是个悲剧性的错误。她害怕如果她不能很快地遇到另一个合适的伴侣，她的生物钟可能会在她具有生育能力前停滞，她不再能拥有一个自己期待已久的小孩。可是同时她也害怕，如果她留下来，西奥不同意要小孩，她也可能仍然无法组建起自己的家庭。

终于在一些场合她"决定"了要离开，重新开始约会。然而，她总是抱着这种猜测的想法，认为也许只有他才是她最好的选择。他最终会同意要一个孩子，她应该继续跟他生活在一起。

通过和我的接触，她开始意识到，实际上，留下并希望西奥会改变自己的风险比离开并找到与自己相投的另一半的风险更大（由过往的经验得知）。佐伊离开了西奥，而且在一年内，又遇到了安德鲁，一个与她有共同梦想，希望能拥有一个和孩子一起组建家庭的人。5 年后，他们开心地结了婚，并有了 2 个小孩。佐伊又想起了离开西奥的念头，并认为这是最好的决定。当时她被灾难性的臆测笼罩，可这些最后都被证明毫无根据。

　　通过冒着出错的风险，佐伊终于离开了"那片预想中的伤心地"。

永远坚持迈出这跨越性的一步

　　我对生活的看法表明，当你的婚姻到了无可挽回的地步，如果你想改善现状，改变自我，那么你必须不断地以围绕着行动、反思、计划和试验做螺旋式上升运动，如模式三所示。

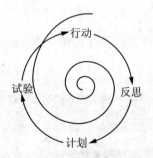

模式三：抬头迎接路上的挑战

一直学习、改变、提高、充实自己的生活，做对自己和别人都正确的事情。但你将永远都到不了终点，因为自我发展没有顶点。没有人能够对着镜子说："今天我是完美的。"——我永远都不想与今天的我有所差异。我永远都不想得到与今天得到的不同的东西。我从不需要改变。

对于那些由于感到生活总是那么不公平、不公正，或者总被别的事情扰乱而摇摆不定的人们来说，记住以下的话语对你们来说是有益的：

生活不在于得到你想要的，而在于不断地在路上迎接挑战。

如果你不想人生留下遗憾，你就必须做出留下并改善双方关系或带着尊严体面离开的决定。在生活中你必须永远勇敢地抬头迎接挑战，迈出这跨越性的一步。

定义瞬间

为了充实地度过我们的人生，哲学家罗伯特·皮尔斯哥提

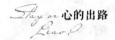

倡，在每个千钧一发的时刻不断地体验自身的存在。最有活力的生活态度是给每个瞬间定义；每天迎接跨越六道突破自我的跨栏：

1. 冒险做你自己。

2. 接受担忧是积极的，是人类基本的体验的事实。

3. 让你有且仅有一次的生命充满意义。

4. 为现状或"生命"本身承担责任而不是责怪他人。

5. 记住你永远都有选择。

6. 理清自己的价值观并以它们为生。

如果你通过迈出这跨越性的一步来定义瞬间，那么这一瞬间就会给你定义。

立一份清晰的合同

现在就开始跟伴侣约法三章，并立下合同为据。你们可以分别就以下两项条款交换意见：

- 我对你的期待。
- 你对我的期待。

然后互相交换，细致地分析每一点。协商后，达成一致，这将会产生三种结果：

- 同意。

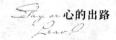

- 不同意。

- 有待商榷。

把这份立好的合同放在你与对方都看得到的显眼位置，比如贴在冰箱的门上方。并多加一条若违反规定将有何后果的款项，以提醒大家要时常谨记遵守。各自告诉对方你是多么自觉地遵守这份合同。双方均能做到互相提醒，并同意将来双方都能做到严格遵守合同。

虽然回顾合同也许会流于形式，但却至少能保证你会定期地回顾一下。比如说，两周一次。这种规约的行为将会被强化成为一种自然常态，不再需要依附于合同的管束。

接下来你将分别看到两份明文规定的合同范例。一份是继续维持婚姻双方必须遵守的合同，另一份是离婚后双方必须遵守的合同。

继续维持婚姻关系合同范例

甲方

我期待你：

- 保持个人卫生。

- 周末夜晚能和我外出共度。

- 懂得创造浪漫，并会给我制造意想不到的惊喜。

- 按时回家。

- 言出必行，不要言行不一。

- 懂得欣赏我，有时也同意并接受我的观点。

你可以期待我：

- 定期跟你过性生活。

- 友好对待你的朋友。

- 为你生儿育女，组建一个家庭。

- 做你的朋友。

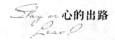

• 在你年老时照顾你。

乙方

我期待你：

• 定期过性生活。

• 支持我所做的一切，而不要唠叨我不去做的事情。

• 接受我的一切，包括过去和现在。

• 如朋友般鼓励我，而不是打击我的积极性。

我可以答应你：

• 每两周外出一次度过一个浪漫的夜晚。

• 周日放假休息，不再忙于工作。

• 恢复认识你后停止的周日看足球比赛的爱好。

• 说出自己心中真实的想法，而不是一味地迁就对方。

• 保持个人卫生。

离婚合同范例

甲方

我期待你：

- 不要因为一点小事动不动就与我争吵。

- 选择离开不是一时意气，是经过深思熟虑做出的理性决定。

- 不要动不动就拿孩子作要挟。

- 不干涉对方交友，各自有自己的朋友圈子。

我答应你：

- 支持你所做的一切。

- 不拿孩子来约束你的自由。

- 离婚后将你安顿好。

- 不与你藕断丝连。

- 在分配共同财产时，尽量照顾你方，多将利益归于你方。

但我父母赠与我们的一切财产仍归我所有。

乙方

我希望你：

- 不拿孩子当帮凶。

- 明白离婚对我造成的巨大伤害。

- 帮我安顿好离婚后的生活。

- 不要在我的朋友面前说我的不是。

我答应你：

- 不因为你的离开而怀恨在心。

- 离婚后与你依然是朋友。

- 尽量减少离婚对你造成的伤害。

- 把属于我的一切私人物品带走，以免你触景伤情。

后　记

　　记得从我 3 岁起，我老爱问自己一些关于过去的问题，活在过去的记忆里。渐渐地，我长大了，到了十几岁时，却缺少了许多回忆，开始关心起自己未来的人生。我广泛阅读许多关于生活的意义和目的方面的书。每读一本，都颇有感触。我 15岁从法语学校毕业，17 岁那年出了国，在此期间，我换过很多份工作。3 年后，我又回国参加了高考，成绩优异。21 岁时，我上了大学。我曾经对自己的人生感到很迷惘，不明确自己的

Stay or 心的出路
Leave?

　人生目标与追求，总是在缅怀过去。但我从不觉得难以面对现实，也不觉得难以鼓起主宰自己生活、改变生活现状的勇气。这些改变包括选择离开一段破裂的婚姻关系，成为单亲家庭的一员，单独承担起抚养小孩的责任和义务。

　　作为一名心理学家，我今天在国际商界取得的成就大大得益于我前期的大量阅读。在训导行政人员时，我不只是关注于帮助他们解决集团内部的难题，更多的是解决他们个人的问题。由于我的这个工作经历，很多人鼓励我写下这本书。

　　本书以与马琳·皮特的对话开始。她建议我不要再写第三本关于群体行为的书，而是建议我该立足于我做两性情感关系训导的工作经历，写一本关于两性情感婚姻话题的书。在此，我对她为我提出的宝贵建议致以万分的感谢！

　　此书得以成功写就，我要十分感谢我的朋友雷切尔·拜尔德的大力帮助。他是一个出色的记者，他的写作风格我颇为喜欢。他亲自来到我在 Tavira 的住所，花了一周时间与我合作，为我整理思路提供了很多帮助，对此我很感激。每次我遇到困

后　记

难时，他都帮助我最终能够确切、简洁并且得体地表达自己想
要说的话。

因为我的朋友兼同事露丝玛丽·切斯特斯，才使此书最终
得以问世。露丝玛丽感到我提供的信息是如此强大，以至于对
那些婚姻关系中存在问题，但不知该如何是好的困惑无助的人
们来说是一个福音，对他们早日解决婚姻危机，结束痛苦的思
想折磨提供了大量有益的帮助。我希望她是对的！露丝玛丽支
持我一定要竭力完成这本著作，没有她的鼓励、帮助和支持，
我不可能完成此书的写作。没有她的鼎力相助，就不会有这本
书的问世。

这本书涵盖了 25 年来我与许多我的病人的接触中了解到的
他们各种各样的畏惧、挑战、关系和群体动力。我一直在反复
思考我的这些经历，不断提高自己帮助他人的能力，并把此间
所得的一些心得体会写在这本书中。我与病人接触的这些经历还
使我拥有了许多阐述的案例，虽然我隐去了其中的一些真实名字
和背景才作使用。因此，我想对我的每一位病人表示衷心的感

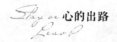心的出路

谢，感谢他们孜孜不倦地支持我的研究，不遗余力地为我的工作
提供帮助。他们的真诚和勇气值得我永远尊敬和珍惜。

这本书得以成功出版，离不开我的文学经纪人苏珊·米尔
斯的辛勤劳动和巨大奉献。在此我对她致以万分的感谢。我要
感谢我的委托编辑拜尔德以及山特额·里格彼，感谢他们的支
持和鼓励。我还要感谢帮我校对的费安娜·罗伯特森，她使校
对这项枯燥的工作变得趣味横生。我需要感谢的人还有很多，
包括出版和销售经理维克·哈特利以及出版和销售主管弗兰恩
·雅德布勒。

最后，我想感谢所有慷慨地抽出时间来阅读我手稿的人，
他们包括：我的女儿贝克·康恩特和肖乐达·皮特曼，以及她
们的丈夫乔尔·康恩特和詹姆斯·皮特曼；我的妹妹和她最好
的朋友琳达·斯通；还有给予我巨大支持的弟弟安菊恩·斯通。
特别感谢我的邻居珊珠丽·泰利尔怀特和露丝玛丽的好朋友杰
克·布莱恩。他们所有的人都给了我极其有用的大量的积极反
馈，再次向你们表示感谢！

译者后记

　　最初看到此书的标题，就有一种翻译的强烈冲动。幸福是每个人一生都在渴望并苦苦追求的。而找到一个合适的伴侣共度一生，是所有人都向往的。可由于社会等诸多因素的影响，现代人的婚姻往往受到很多诱惑的考验。面对诱惑的考验，夫妻之间常会出现信任危机，更可能引发误解和争吵。当矛盾不可调和时，双方不得不开始考虑自己未来的去向问题。是选择留下凑合还是潇洒离开？这个难以抉择的问题困扰着人们。当

局者都非常希望能从中得到解脱，客观地做出一个理智正确的决定，抱着帮助困惑中的读者们解决情感障碍问题的初衷，我决定翻译此书。此书作者贝弗利·斯通是特许心理学家和哈利街情感问题治疗师，拥有超过 25 年的帮助病人实现自我增值的广泛成功经验，曾多次成功帮助众多受到情感困扰的人们摆脱情感困境，在国际上享有盛名。通过三遍的阅读，译者发现本文视角独特，洞察力深刻，文笔老到而流畅。有别于其他心理学专著，它从现实读者的角度出发，以单独客观的第三者身份审视着情感困惑一族的现实生活，引导其对现实生活进行反思，从而层层深入地对读者所面临的情感问题及其症结进行剖析，并以相关的心理学理论为指导，辅以相关的理论解说图表，立足于过往的指导经历，深入浅出地为在情感面前犹豫不决的读者们做出最后的决定提供实用、理性而有帮助的策略，帮助读者鼓起冒险的勇气，为拥有一个更有意义和更加美好的人生而努力奋斗。

　　这本书的英文原版，我读了三遍，前两遍是在开始翻译前，最后一遍是在翻译开始后，每次翻译前，再把计划翻译的内容以及前后文过一遍。第一遍读的时候，我很是兴奋和激动，因为自己也曾有类似的情感困扰；读完一遍过后，颇有一种"拨云见日"的感受。通过后来的生活实践，现在回想自己最初的感受，其实是一种"写得真对"的共鸣。此书翻译耗费了半年，我要感谢暨南大学外国语学院和家人对我的支持和理解，让我能腾出精力和时间来做这项有意义的工作。也感谢我导师的鼓励与帮助，让我能够坚持翻译完并多次修改得以完成。希望本书的译本能给读者们带来一种精神上的全新体验，帮助受情感困扰的人们早日找到开启人生幸福之门的钥匙！

李倩于暨南大学
2012 年 11 月 15 日